Diseño y maquetación: Alejandro García Alcántara
Cartografía: Rafael Sanz
    C/ Mayor, 80. 28013, Madrid
    Telf: 91 541 71 70
    info@edicioneslalibreria.es

ISBN: 978-84-9873-520-8
Depósito legal: M-30422-2023
Impreso en España/Printed in Spain

GUÍA DEL BARRIO DE MALASAÑA

Madrid de Bolsillo

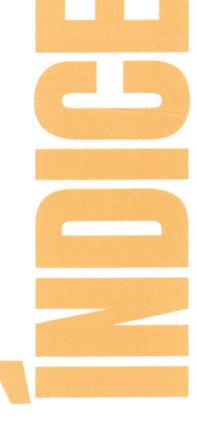

ÍNDICE

Su nombre oficial es el de barrio de Universidad del distrito Centro. La parte norte está delimitada por las calles Alberto Aguilera y Carranza. El límite este comprende el tramo de la calle Fuencarral, desde la glorieta de Bilbao hasta la Gran Vía. La parte sur está compuesta por dos tramos de la Gran Vía, entre la Red de San Luis y la plaza de España. Por último, tenemos el lateral oeste, que comprende la calle Princesa, desde el inicio hasta su cruce con la calle Alberto Aguilera.

Fue conocido desde antiguo como barrio de Maravillas, debido al convento de monjas carmelitas fundado a comienzos del siglo XVII, en el que se veneraba la imagen de Nuestra Señora de las Maravillas. Hoy día todo el mundo lo denomina popularmente como barrio de Malasaña. Este era el apellido de Manuela, una joven vecina fusilada el 2 de mayo de 1808, que tiene aquí una calle dedicada en su memoria.

Durante un siglo fue un animado barrio, poblado de estudiantes. Aquí estuvo la Universidad Central de la calle San Bernardo, trasladada después de la guerra civil a la nueva Ciudad Universitaria de Moncloa. Jóvenes estudiantes y profesores llenaron de vida un gran número de pensiones, tabernas, cafés y librerías del entorno. El corazón del barrio sigue estando en la histórica plaza del Dos de Mayo, creada en 1869 tras el derribo del convento de las Maravillas y del parque de Artillería de Monteleón. Este animado lugar, punto de encuentro de vecinos, visitantes y turistas, rinde homenaje perenne a los héroes madrileños de la jornada del 2 de mayo de 1808. Aquí se prendió en aquella fecha la mecha que se extendió por toda España, dando lugar a la Guerra de la Independencia contra las tropas invasoras francesas.

En los años ochenta, el barrio fue el epicentro de la Movida Madrileña, un hervidero de creatividad, música, arte y libertad surgido tras el fin de la dictadura. Cada año celebra las Fiestas del Dos de Mayo, una de las festividades más esperadas por los vecinos y visitantes con música, gastronomía y actividades en la calle.

Malasaña, un barrio vibrante poblado hoy día por jóvenes, bohemios y hípsters, convive con los turistas y el vecindario de toda la vida, amenazado por la gentrificación. Un lugar donde cohabita la modernidad y el pasado histórico, con un rico patrimonio de edificios civiles y religiosos, centros culturales y museos. Es conocido por sus tiendas vintage, librerías, cafés, restaurantes multiculturales, teatros inde-

pendientes y locales con música en vivo. Un paraíso para los amantes de lo alternativo, donde siempre hay algo diferente por descubrir. Esta guía pretende ser un referente útil y actualizado para conocer de forma amena y sencilla la riqueza histórica, cultural, gastronómica y comercial de este céntrico barrio.

Para empezar, os propongo visitar los diez puntos de interés más importantes de Malasaña, imprescindibles para conocer su importancia histórica en la vida madrileña.

10

SITIOS QUE NO DEBES PERDERTE

1

La plaza del Dos de Mayo:

Es el epicentro de la vida social de todo este barrio, siempre bulliciosa con sus bares, restaurantes y terrazas. En los jardines centrales se encuentra el arco de ladrillo del antiguo Parque de Artillería de Monteleón, dispuesto a modo de arco triunfal tras los héroes del levantamiento de 1808, los capitanes José Daoiz y Pedro Velarde. En un rincón se encuentra la iglesia de Nuestra Señora de las Maravillas, advocación del siglo XVII que dio nombre antiguamente al barrio. Aquí se celebran cada año numerosos actos de las Fiestas de la Comunidad de Madrid.

2

El Café Comercial:

Es uno de los últimos cafés literarios que quedan en Madrid. Lleva abierto desde 1887 en la glorieta de Bilbao. En sus mesas se han sentado alrededor de un café en animadas tertulias literarias innumerables escritores, poetas e intelectuales. Nombres como los hermanos Machado, Blas de Otero, Sánchez Ferlosio, Gabriel Celaya, Jardiel Poncela, Alfonso Paso, Josefina Aldecoa, Caballero Bonald, Rafael Azcona, Gloria Fuertes, Enrique Tierno Galván, Luis Berlanga, Antonio Mingote, Ana Rosetti o Arturo Pérez Reverte, entre otros muchos.

3 Museo de Historia de Madrid (C/ Fuencarral, 78):

El antiguo Hospicio de San Fernando y el Ave María fue levantado a comienzos del siglo XVIII por el arquitecto Pedro de Ribera, con una característica portada-retablo de estilo churrigueresco. Tras perder sus funciones a comienzos del s. XX, el edificio estuvo amenazado de demolición. Adquirido por el Ayuntamiento, fue rehabilitado y abrió en 1929 como Museo y Biblioteca Municipal. Aloja la espectacular Maqueta de Madrid de 1830 e innumerables testimonios de la historia de la Villa, desde su nombramiento como capital del Reino en 1561 hasta la actualidad.

4

La Ermita o Humilladero de la Soledad (C/ Fuencarral, 44):

En la bulliciosa y comercial calle Fuencarral, esquina con Augusto Figueroa, se encuentra un humilde edificio de ladrillo visto construido en 1712. Es la capilla de Nuestra Señora de la Soledad. Según la tradición, desde tiempos muy antiguos existió en ese camino un arco que alojaba la imagen de una virgen. Todo aquel caminante que pasaba por allí se solía detener a «humillarse», arrodillándose con respeto para rezar. En su interior destaca el Cristo del Consuelo, imagen del siglo XVII citada por Benito Pérez Galdós como el «Cristo de las Llagas» en su conocida novela La Fontana de Oro. El retablo principal aloja el cuadro de Nuestra Señora de la Soledad (s. XVII), pintura muy parecida a la de la madrileñísima Virgen de La Paloma. En la actualidad, la capilla depende de la cercana Parroquia de San Antón.

5

Edificio Telefónica (Gran Vía, 28):

Se construyó en 1930, obra de Ignacio de Cárdenas. Con sus 90 metros de altura fue el primer rascacielos edificado en Europa y el edificio más alto de todo el continente, además de ser durante muchos años el edificio más alto de España. Desde este edificio, todavía sin concluir, el rey Alfonso XIII realizó en 1928 la primera llamada telefónica transoceánica con el presidente de los EEUU, Calvin Coolidge. En su interior hay un museo histórico de telecomunicaciones y se muestra la colección artística de esta Compañía. En su planta baja se puede acceder libremente al área recreativa, con espacios de conferencias, ciclos de cine, música y exposiciones.

San Antonio de los Alemanes:

Situada en el número 22 de la calle Puebla, es una espectacular iglesia considerada como la «Capilla Sixtina» de Madrid. Fue fundada en el s. XVII por el rey Felipe III como Iglesia e Hospital de San Antonio de los Portugueses. Se construyó en 1630 con una planta-salón de forma oval, única en Madrid. El templo está completamente cubierto de pinturas al fresco, desde las paredes hasta la bóveda. Las escenas religiosas y los trampantojos fueron obra de los artistas Francisco Ricci, Francisco Carreño de Miranda y Lucas Jordán.

La Farmacia Deleuze (C/ San Bernardo, 39):

Esta farmacia abrió sus puertas en 1780, durante el reinado de Carlos III, con el nombre de «Botica de San Bernardo». Conserva la decoración original de estilo rococó, con seis hornacinas realizadas en madera y pan de oro que contienen tarros y botamen de la Real Fábrica de Porcelana del Buen Retiro. La gran lámpara y la pintura del techo y paredes son de gusto francés. Tiene un despacho interior o rebotica de estilo historicista (s. XIX), con estanterías decoradas con elementos neogóticos y árabes. Está presidida por un busto de Galeno y un jarrón de porcelana con la imagen de Hipócrates, padres de la Medicina clásica. A lo largo de la historia ha visto pasar por la tertulia de su rebotica a insignes escritores como Espronceda y Ventura de la Vega, médicos como Méndez Álvaro o Federico Rubio, y políticos como Emilio Castelar, Cristino Martos y Francisco Pi y Margall.

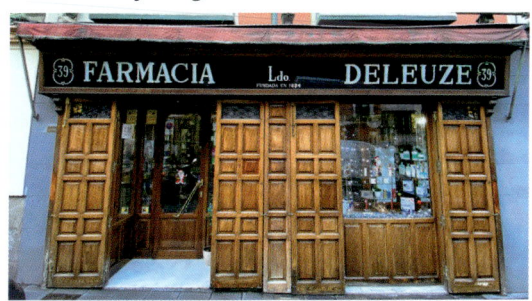

8

La antigua Fábrica de Cervezas Mahou:

Fue construida en 1891 en los números 29 y 31 de la calle Amaniel. La fábrica tenía además una popular terraza donde se servía cerveza al público y se representaban obras de teatro. Tras el traslado en 1962 a la nueva fábrica del paseo Imperial, el edificio quedó abandonado. Posteriormente fue la sede del Archivo de la Comunidad de Madrid. Desde 2010 aloja el Museo ABC del Dibujo y la Ilustración, que expone los fondos artísticos atesorados por este diario y la revista «Blanco y Negro» desde su fundación en 1891.

9

El Cuartel del Conde Duque
(C/ Conde Duque, 9-11):

Este enorme caserón de 25.000 m² de superficie fue el edificio más grande de Madrid hasta la construcción del Palacio Real. Fue edificado en 1730 por el arquitecto Pedro de Ribera para cuartel de las Reales Guardias de Corps. Destaca su portada-retablo de piedra de estilo churrigueresco. Amenazado de derribo en 1975, tras su declaración como BIC, se comenzó a rehabilitar en los años 80 por Julio Cano Lasso, siendo terminado en 2011 por Carlos de Riaño. Actualmente, funciona como centro de cultura contemporánea y sala de exposiciones. Aloja, además, la Biblioteca Benito Pérez Galdós, la Biblioteca Histórica Municipal, la Biblioteca Musical Victor Espinós, la Hemeroteca Municipal, el Archivo de Villa y el Museo de Arte Contemporáneo.

10

El Palacio de Liria
(C/ Princesa, 20):

Fue construido en 1785 por el arquitecto Ventura Rodríguez, compitiendo en magnificencia con el Palacio Real. Actual domicilio del Duque de Alba, es la residencia privada más grande y suntuosa de Madrid. Tiene una superficie de 3.500 m², con un total de 200 estancias, entre las que destacan 26 salones. Conserva todo el legado histórico de la Casa de Alba desde 1472, con un riquísimo patrimonio documental, bibliotecario y mobiliario, además de obras de arte y decorativas. Desde septiembre de 2019 está abierto al público con visitas guiadas y un amplio horario. Desde 2024, se pueden visitar también los jardines históricos de la trasera del edificio.

10

CURIOSIDADES DEL BARRIO DE MARAVILLAS O MALASAÑA

1 La estatua de los **héroes Daoiz y Velarde** de la plaza del Dos de Mayo está considerada como la más «viajera» de Madrid. Fue esculpida en Roma en 1822 por José Solá. Traída a Madrid en 1831, estuvo casi quince años expuesta en el Museo del Prado. De allí pasó al jardín del Parterre del Parque del Retiro y, más tarde, fue llevada al Museo de Escultura. En 1869 se trasladó a la calle Carranza, en el cruce con la calle Ruíz. En 1879 volvió a la fachada principal del Museo del Prado. En 1901 se llevó hasta la plaza de Moncloa, donde permaneció 30 años. En 1932 se situó a unos metros del Arco de Monteleón de la plaza del Dos de Mayo, rodeada de un foso circular. Tras la guerra civil se colocó bajo dicho arco, lugar en el que permanece en la actualidad.

2 En el **número 24 de la calle San Vicente Ferrer** se halla la casa más estrecha de todo Madrid, compuesta de planta baja y tres alturas. Su fachada mide únicamente dos metros y cuarenta centímetros. Cada planta tiene una superficie de 54 metros cuadrados.

Desde hace pocos meses, **el número 48 de la calle San Vicente Ferrer** aloja una de las varias casas del Ratoncito Pérez que existen en Madrid. Se encuentra dentro de un antiguo registro del gas en la fachada de la finca. El **3** personaje del cuento del Ratoncito Pérez fue creado hacia 1894 por el padre jesuita Luis Coloma. Fue una petición de la reina regente María Cristina, con el fin de explicar al futuro rey Alfonso XIII, que tenía ocho años, la caída de un diente de leche. Su residencia originaria estaba dentro de una caja de galletas, en el almacén de la desaparecida confitería Prast de la calle Arenal 8.

4 En la portada de un local comercial abandonado del **número 9 de la calle Santa Cruz de Marcenado** nos encontramos con una olvidada obra del lanzaroteño universal César Manrique (1919-1992). Se trata de un mural cerámico realizado en la fachada de la antigua empresa Huarte, dedicada en su tiempo a la venta de materiales de construcción. Fue realizado en el año **1954** por Manrique con una composición en la que se representan figuras alusivas al oficio de la albañilería. Su estilo es constructivista, con claras influencias del artista uruguayo Joaquín Torres García. Manrique llegó a Madrid en 1945 con una beca para estudiar en la Escuela Superior de Bellas Artes de San Fernando de la calle Alcalá 13. En 1950 se graduó como profesor de Arte y Pintura.

5 En 1927 se construyó una de las primeras gasolineras que hubo en Madrid en el **número 18 de la calle Alberto Aguilera**. Llamada «Gasolinera Gesa», pertenecía a la empresa de Petróleos Porto Pí. Fue abierta en una ciudad que entonces contaba con la asombrosa cifra de 18.000 vehículos. Su creador, el arquitecto Casto Fernández Shaw, diseñó un edificio racionalista de hormigón armado. Tiene una marquesina en forma de alas extendidas de un aeroplano y una «torre-vigía» con detalles *Art-Decó*, semejante a una chimenea de buque. Demolida en 1977 a pesar de su reconocido valor arquitectónico, en 1996 se construyó una réplica —un «falso histórico»— en el mismo lugar siguiendo los planos originales.

6 Las dos fachadas del bloque de viviendas de la ca-lle Duque de Osuna 8, con vuelta a la plaza de Cristino Martos, están llenas de obras del genial Antonio Mingote (1919-2012). Todos los dinteles de los balcones están pintados con personajes y dibujos de este polifacético artista: dibujante, escritor, periodista, novelista, guionista de cine y televisión y Académico de la Lengua. Mingote comenzó su carrera en 1948 trabajando para la revista de humor «La Codorniz». En **1953** publicó su primer chiste gráfico en el diario ABC, al que estuvo unido durante cincuenta y nueve años, trabajando incansablemente hasta su fallecimiento. Estos dibujos están incluidos en el Catálogo de Monumentos y Elementos Urbanos protegidos.

7

El **Instituto Cardenal Cisneros** (C/ Reyes, 4) es uno de los Institutos Históricos de Madrid. Creado en 1845, ocupó la sede del antiguo Noviciado hasta que en 1888 se construyó el imponente edificio actual, obra del arquitecto Francisco Jareño. A la entrada destaca su escalera imperial de mármol blanco de dos alturas. Conserva históricos laboratorios, gabinetes de ciencias y un aula magna con bancadas y pupitres originales. Por allí estudiaron personalidades como Manuel Azaña, Clara Campoamor, Eduardo Dato, Gutiérrez Mellado; literatos como Alberti, Benavente, Cela, Gómez de la Serna, los hermanos Machado, María Moliner, Julián Marías o Tierno Galván; artistas como Fernán Gómez, José Luis Garci, López Vázquez, Andrés Pajares o Fernando Guillén, entre otros muchos.

8 Un caserón, construido en 1856 en el **número 3 de la calle Antonio Grilo**, aloja la denominada «casa maldita de Madrid». En ella han tenido lugar un total de nueve sucesos macabros. El primero tuvo lugar en 1945, cuando unos ladrones robaron y asesinaron violentamente, tras un forcejeo, a un vecino que vivía en el primer piso. En 1964, una vecina ahogó a su bebé y lo escondió en un cajón envuelto en una toalla, hasta que fue descubierta y denunciada a la policía. Pero el suceso más trágico ocurrió en 1962 en el tercer piso, cuando un padre de familia que había perdido la razón asesinó con saña a su esposa y a sus cinco hijos, suicidándose a continuación.

9

Un hostal del **número 14 de la calle Pizarro** ocupa un bello edificio de fachada modernista y detalles neogóticos, construido en 1912 por Mauricio Jalvo. Fue la sede de los periódicos *El Correo Español, El Nuevo Heraldo y Hoy*. Sus balcones de la primera planta lucen desde 1965 una barandilla «reciclada» de hierro forjado, diseñada por el mítico arquitecto Antonio Palacios (1874-1945). Esta barandilla estuvo situada anteriormente en la cuarta planta del Hotel Florida de la plaza de Callao, gran obra de Palacios demolida en 1964.

10

El primer grifo de agua potable en una casa de vecinos de Madrid se instaló en el año 1860 en el **número 33 de la calle Valverde**. Hoy día todavía se conserva. Se encuentra en la planta sótano de un edificio que fue propiedad de Lucio del Valle. Este ingeniero de Caminos participó activamente en la construcción del Canal de Isabel II, inaugurado en 1858. Esta gran obra de ingeniería, realizada entre 1851 y 1858, trajo las aguas del río Lozoya desde la sierra norte hasta la capital.

Para viajeros interesados en «patear» estos barrios y conocerlos en profundidad, he preparado 4 rutas monográficas y una quinta ruta gastronómica a libre elección. Todas ellas contienen información específica, dependiendo del tema elegido, con su duración calculada.

1 El barrio donde nació
la Movida Madrileña

2 Malasaña se escribe
con M de mujer

3 Héroes y heroínas del
Dos de Mayo de 1808

4 San Bernardo, una
calle llena de historia

5 Bares, Tabernas y restaurantes

RUTA 1

El barrio donde nació la Movida Madrileña

Duración estimada 60 minutos

La mundialmente conocida Movida Madrileña surgió a finales de los años 70 como un movimiento cultural y musical en un Madrid que dejaba atrás la dictadura y vivía una transición política y social para equiparse al resto de las democracias europeas. Este auge espontáneo de artistas, creadores y músicos fue más tarde promovido y subvencionado por los políticos, aprovechándose de su gran tirón social.

Los estudiosos del movimiento cultural y musical de la Movida madrileña ponen su fecha de arranque en el 9 de febrero de 1980. Ese día se realizó un concierto-homenaje a José Enrique Cano «Canito», batería del grupo Tos, fallecido en un accidente de tráfico. El acto tuvo lugar en el Salón de Actos de la Escuela de Ingenieros de Caminos de la Ciudad Universitaria. En el concierto tocaron, además de Tos, Nacha Pop, Alaska y los Pegamoides, Mamá, Paraíso, Mermelada de lentejas, Trastos, Los Bólidos y Mario Tenia y Los Solitarios.

La plaza del Dos de Mayo, en Malasaña, se convirtió en el centro neurálgico de La Movida. Durante las primeras celebraciones espontáneas de la hoy día oficial Fiesta de la Comunidad de Madrid, este lugar se popularizó con grandes eventos, seguidos por un público masivo. La Movida, etapa de apertura y libertad, acabó siendo reconocida por los poderes públicos. El mayor impulsor de la Movida fue el alcalde de Madrid Enrique Tierno Galván (1918-1986), al que gustaba sintonizar con la gente joven. En 1984, durante un festival musical en el

antiguo Palacio de los Deportes, pronunció la contro-
vertida frase: «¡Rockeros, el que no esté colocado, que
se coloque... y al loro!».

Madrid fue un hervidero de editoriales, galerías de arte,
radios independientes y piratas, sellos discográficos,
salas alternativas y bares. Los fanzines y revistas como
La Luna, *Madrid Me Mata* o *Madriz* fueron los medios
que dieron a conocer a los nuevos grupos musicales y
a todo el universo cultural que rodeaba a La Movida.

RUTA 1

El barrio donde nació la Movida madrileña

1 Café de Ruiz (C/ Ruiz, 11)
2 Vía Láctea (C/ Velarde, 18)
3 Plazuela de Antonio Vega
4 Madrid me Mata
(Corredera Alta de San Pablo, 31)
5 Tupperware Club
(Corredera Alta de San Pablo, 26)
6 El Penta (C/ La Palma,4)
7 Casa Costus(C/ La Palma,14)
8 Pub Freeway "King Creole"
(C/ San Vicente Ferrer, 7)
9 Sala Taboo "Sala Elígeme"
(C/ San Vicente Ferrer, 23)
10 Café Manuela (C/ San Vicente Ferrer,29)
11 Enrique Urquijo (C/ Espíritu Santo, 23)
12 El Palentino (C/ Pez, 8)
13 Sala Morocco (C/ San Bernardo, 7)
14 Olvido Gara -Alaska- (C/ Libreros)
15 Ya'sta Club (C/ Valverde, 10)

0
100
200
300
400
500
metros
SAN BERNARDO
Glorieta
Ruiz Jiménez
BILBAO
Glorieta
Bilbao
Carranza
Manuela
Malasaña
Ruiz
Andrés
Monteleón
Divino
Pastor
San Bernardo
Daoiz
Plaza
Dos de Mayo
Velarde
Plazuela
Antonio Vega
San Pablo
TRIBUNAL
Palma
La
San
Lucía
Vicente
Espíritu
Sta.
Ferrer
Corredera Alta de San Pablo
Fuencarral
Plaza
Rastrillo
Santo
Tesoro
Pozas
Minas
Marqués Sta. Ana
Jesús del Valle
El
Escorial
Viento
San Joaquín
Plaza
San Ildefonso
Colón
San Bernardo
Cruz Verde
Andrés Borrego
Pez
Madera
Molino
Plaza
Carlos Carbonero
Pablo
San
de
Baja
Plaza
Rafaela
Carra
Pizarro
La
Luna
San Roque
Corredera
Estrella
La Puebla
Ballesta
Barco
Valverde
Fuencarral
Libreros
Silva
Plaza Sta. M.ª
Soledad Torres Acosta
Tudescos
Desengaño
Plaza
del Callao
CALLAO
Gran Vía
GRAN VÍA
1
2
3
4
5
6
7
8
9
10
11
12
14
15

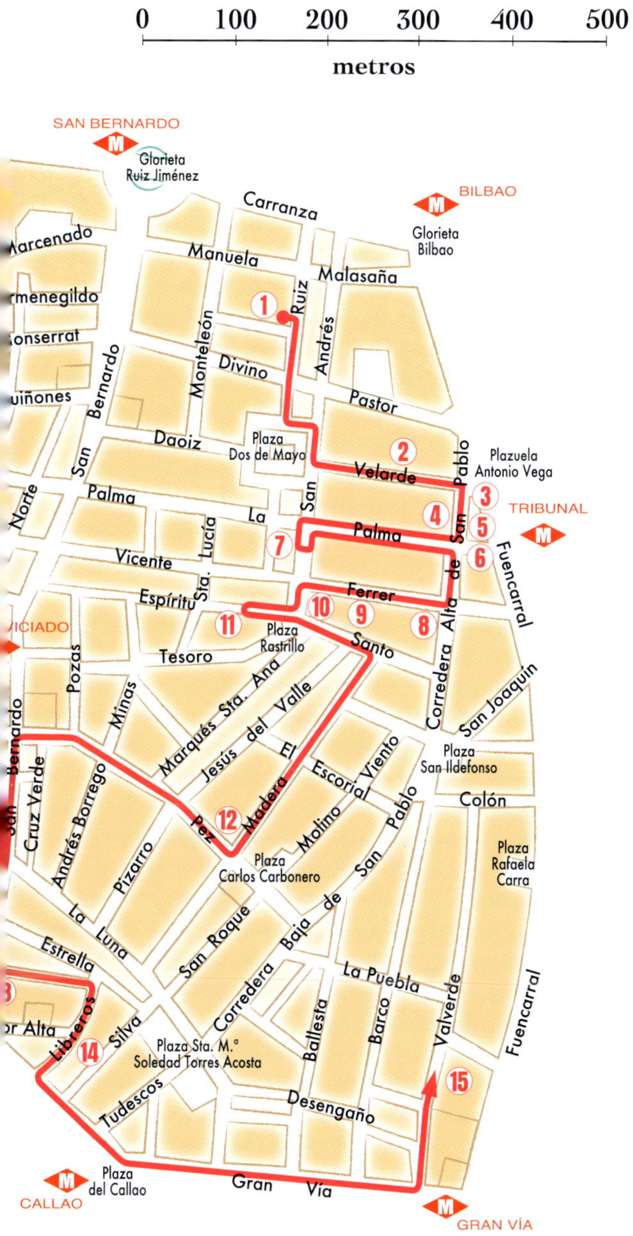

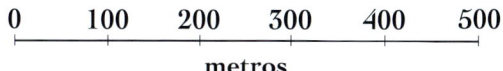

1 Comenzamos la ruta muy cerca de la plaza del Dos de Mayo, en la calle Ruiz 11, donde se encuentra el **Café de Ruiz**. Abierto en 1977, este café fue considerado como un lugar «de culto» de la noche madrileña. Allí se reunían los intelectuales, poetas y «progres» de aquella época en animadas tertulias sobre lo divino y lo humano. Tiene una estética inspirada en un café vienés, con tres espacios diferenciados. Un primer salón con ventanas a la calle, un segundo salón con sillones rojos y un espacio al fondo llamado «La Granja», donde realizan actos literarios. Este nombre se lo puso el anterior propietario del local, ya que en el antiguo negocio que hubo aquí se vendían leche y huevos.

2 Calle abajo llegamos a la plaza del Dos de Mayo. Tomamos a mano izquierda la calle Velarde hasta llegar en el número 18 a **La Vía Láctea**. Este local abrió en julio de 1979 en una antigua carbonería. En poco tiempo se convirtió en un lugar de referencia de la nueva ola. Por allí pasaron grupos, periodistas, artistas, actores y, en general, todas las figuras de la llamada Movida madrileña. Allí trabajaron como pinchadiscos el cantante y productor Kike Turmix y el periodista musical Diego Manrique.

Se conserva prácticamente sin cambios y sigue poniendo música de rock y punk de los años 50 al 70. En las paredes de este bar de copas, los artistas llamados «Costus» (Enrique Naya y Juan Carrero) crearon entre 1978 y 1979 una serie de 14 lienzos de estilo pop sobre madera de contrachapado. Representaron retratos de conocidos artistas como Marlon Brando, James Dean, Lola Flores, Ava Gardner, Mick Jagger, Jerry Lewis, Sofía Loren, Marilyn Monroe o Liz Taylor, entre otros. Las obras se encuentran hoy día en una colección privada y en las paredes aparecen reproducciones de las mismas.

CAFE DE RUIZ
1977
PULL

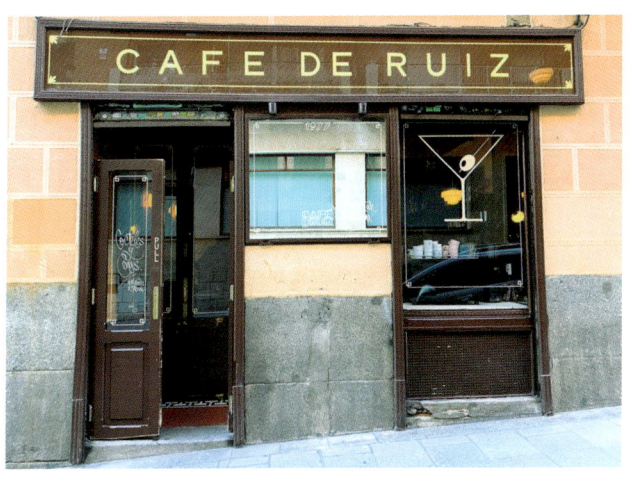

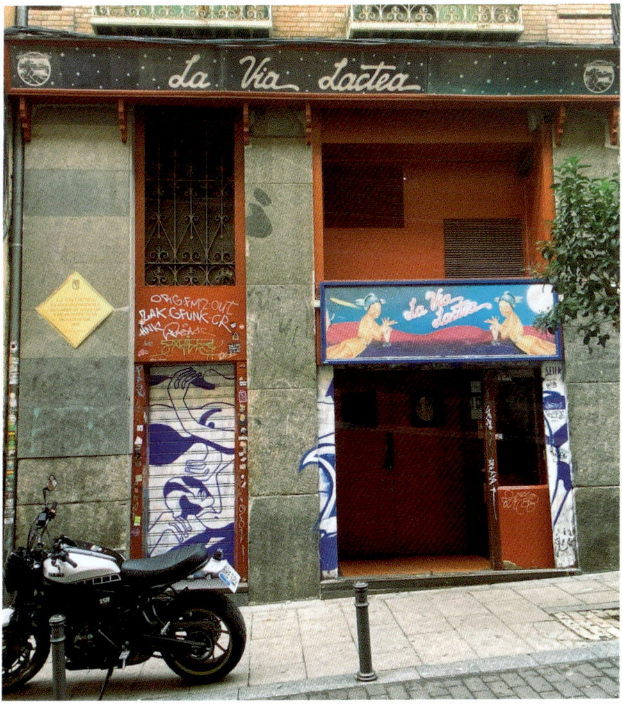
La Via Lactea
La Via Lactea

3 Continuamos por la calle Velarde hasta desembocar en Fuencarral. En el cruce de esta última con la Corredera Alta de San Pablo nos topamos con la **Plazuela de Antonio Vega** (1957-2009). Este rincón fue inaugurado en 2011 por el alcalde Alberto Ruiz-Gallardón, en presencia de familiares y amigos del artista. El acto contó con la actuación de su primo Nacho García Vega y su antiguo grupo Nacha Pop, que interpretó, cómo no, la mítica canción La Chica de ayer. La plazuela se encuentra a pocos metros de «El Penta», lugar de culto de Antonio Vega. Fue un sentido homenaje de la ciudad de Madrid a este escritor, compositor y cantante.

4 Desde esta plazuela bajamos por la Corredera Alta de San Pablo para detenernos en el número 31 en el **Madrid me Mata**. Abierto en octubre de 2012, está considerado como un bar-museo de la Movida Madrileña. La portada del local fue diseñada por Óscar Mariné, una de las figuras artísticas de La Movida. Los objetos de la exposición fueron recopilados y musealizados por Patacho Recio, guitarrista del grupo Glutamato Ye-Ye.

Lleva el nombre de una popular revista de aquellos años, creada y dirigida por Óscar Mariné, de la que conserva una nutrida colección de ejemplares expuestos en una de las vitrinas. También expone guitarras eléctricas, «chupas» de cuero, pósters, recuerdos y objetos personales. Han sido cedidos por conocidos cantantes como Alaska y Los Pegamoides, Aviador Dro, Paco Clavel, Ana Curra, Danza Invisible, Los Nikis, Radio Futura, Los Secretos, Tequila, Tam Tam Go o Antonio Vega, entre otros.

En sus paredes podemos ver cuadros, fotografías y obra gráfica de artistas de entonces, como Miguel Bellver, Ceesepe, El Hortelano, Ouka Leele, Pablo Pérez Minguez y Guillermo Pérez Villalta. Por sus pantallas se emiten ininterrumpidamente conciertos de los años 80. El lema de «Madrid me Mata» definió a toda aquella época.

5 Justo en la acera de enfrente, en el número 26, nos encontramos con el **Tupperware Club**. Su colorida fachada fue diseñada por el artista Mauro Entrialgo, conocido ilustrador de la revista de humor satírico «El Jueves». Fundado en 1994, es el continuador del mítico ambiente musical de Malasaña en los años 90. El interior destaca por su decoración retro y por el gran mural de Entrialgo. Representa a 41 personajes: amigos, músicos, rockeros, artistas, gentes del mundo del cine y la televisión, ilustradores y productores relacionados con este club y sus propietarios.

En este mural destacamos al polifacético Kike Turmix (1957-2005), cuyo nombre real era Enrique Vitoria. Fue músico, cantante, productor, agitador cultural y DJ durante dos años en esta sala. Cuando falleció en 2005, pidió que sus cenizas se esparcieran en la plaza del Dos de Mayo, para seguir en este barrio que tanto amó.

6 Junto al Tupperware, en la misma acera de la Corredera Alta de San Pablo, haciendo esquina con la calle Palma, llegamos al mítico **El Penta**. Abierto en 1976 con el nombre de «Pentagrama», se inauguró como un pionero «bar de copas», que unía los conceptos de bar tradicional y de discoteca, con la clásica cabina de *disc-jockey*.

En poco tiempo, el Penta se convirtió en un lugar innovador, considerado un auténtico «buque insignia» de la modernidad. Era frecuentado habitualmente por multitud de cantantes y artistas incipientes de la época, como Alaska, Burning, Los Elegantes, Glutamato Ye-yé, Ilegales, Nacha Pop, Radio Futura, Los Secretos, Almodóvar o Ouka Leele, entre otros muchos.

Este local está muy ligado a la historia del movimiento cultural y musical de la Movida madrileña. El grupo Nacha Pop lo inmortalizó en su canción *La chica de ayer* (1980), considerada por muchos como un himno y el tema más emblemático de aquella época de apertura y libertad:

«Me asomo a la ventana, eres la chica de ayer

jugando con las flores en mi jardín.

Demasiado tarde para comprender,

chica, vete a tu casa, no podemos jugar.

La luz de la mañana entra en la habitación,

tus cabellos dorados parecen el sol.

Luego por la noche al **Penta** a escuchar

canciones que consiguen que te pueda amar.»

Estructurado en dos niveles, en el Penta destaca la amplia barra en ángulo recto, la clásica cabina del *disc-jockey* y un gran mural en la parte superior. Fue pintado por Teresa, esposa del músico Antonio Vega. Según nos contó Juanma, el actual socio gerente, Antonio Vega pintó con sus propias manos en este mural la figura de un bafle, por lo que le gustaba posar en las fotografías delante de la colorida obra.

Antonio Vega estaba muy unido afectivamente al Penta, ya que su cuñado y algunos amigos suyos fueron socios del local durante una etapa. Por ello, el cantante presentó allí en 1991 «No me iré mañana», su primer disco en solitario. Frases y fotografías de Antonio Vega, imágenes del grupo Nacha Pop, recortes de prensa, entradas y carteles de conciertos decoran este emblemático «bar-museo», que forma parte indiscutible de la historia reciente de Madrid.

A principios de los años 90, el Penta estuvo a punto de desaparecer, debido al declive de la propia Movida, la crisis económica y el profundo deterioro social que sufrió el barrio de Malasaña. Afortunadamente, se libró del cierre al ser adquirido en 1995 por dos de sus antiguos camareros, Juanma y Chema. En esta aventura les unió el deseo personal de continuar el negocio y seguir manteniendo el inconfundible espíritu del local.

7 Desde esta esquina de la calle Palma nos acercamos al número 14 para recordar la Casa Costus. Entre 1977 y 1982 en el piso primero izquierda estuvo el estudio de los pintores Juan Carrero (1955- 1989) y Enrique Naya (1953-1989), conocidos como «Las Costus». Según su biografía, fue el artista Fabio Mc-Namara quien les puso este apodo, en homenaje a la forma de trabajar del gremio de costureras.

Esta vivienda fue un punto de encuentro de artistas, cantantes, actores y personajes de la Movida con los que compartían intereses en lo cultural y en la forma de ver la vida. El escritor Francisco Umbral denominó este piso como la «Casa-convento de Estrellas Descarriadas». Se la definió también como la «Factory de Andy Warhol, a lo castizo».

Aquella casa era un lugar de encuentro y una fiesta continua, donde además se rodaron escenas de las películas de Almodóvar *Pepi, Lucy, Bom y otras chicas del montón y Laberinto de Pasiones*. Por aquí pasaron artistas como Alaska, Almodóvar, Carlos Berlanga, Nacho Canut, Tino Casal, Ana Curra o Fabio McNamara, entre otros muchos.

8 Volvemos sobre nuestros pasos al inicio de la calle Palma, giramos a la derecha por la Corredera Alta de San Pablo y caminamos unos pasos para llegar a la calle San Vicente Ferrer. En el número 7 nos espera el pub Freeway, con una fachada de madera de antiguo establecimiento tradicional del barrio.

Aquí recordaremos al anterior garito que hubo en este lugar, el desaparecido **King Creole**. Fundado en 1984, fue uno de los templos de la Movida durante los ochenta y noventa. Allí acudían miembros de la tribu de los *rockers*, y era conocido por las broncas y peleas con grupos rivales de *mods* en su puerta. Por su escenario pasaron artistas como Derribos Arias, Gabinete Caligari o Malevaje y lo frecuentaron personajes como el cineasta Almodóvar, el fotógrafo Alberto García Alix o los cantantes Ana Curra y Jaime Urrutia (Gabinete Caligari). La entonces cantante del grupo Peor Imposible, Rossy de Palma, servía copas en este bar. El King Creole cerró a mediados de los años noventa.

9 Seguimos la calle San Vicente Ferrer hasta llegar al número 23. La actual sala Taboo ocupa desde 2001 el espacio de la mítica **Sala Elígeme**. Abierta en 1985, fue todo un templo de la música en vivo. Por allí pasaron una variopinta lista de grupos y cantantes como Luis Eduardo Aute, Coz, Gato Pérez, los Ketama, José Antonio Labordeta, Loles León, Malevaje, Amancio Prada, Los Sabandeños, Ricardo Solfa, Manolo Tena… Además de conciertos, la sala daba cabida a espectáculos teatrales y de cabaret, presentaciones de discos y de libros, exposiciones, actos de organizaciones sociales y partidos políticos. En 1989 se suspendieron sus actuaciones musicales por la presión del concejal del distrito.

El cantante Javier Krahe, vecino de Malasaña, sacó a la venta en 1988 el disco *Elígeme*. Fue grabado en vivo en esta sala durante dos días en el mes de marzo de 1988. Joaquín Sabina, que fue socio durante un tiempo de esta sala, dio allí un concierto. Escribió un libro de sonetos titulado *Ciento volando de catorce*. El soneto número LIV se llama *Elígeme*. La tercera estrofa tiene estos versos sobre el desaparecido local:

«La noche de Madrid cuando está seca

Se pide en el Elígeme otra copa,

Harta del chun da chun, de discoteca…»

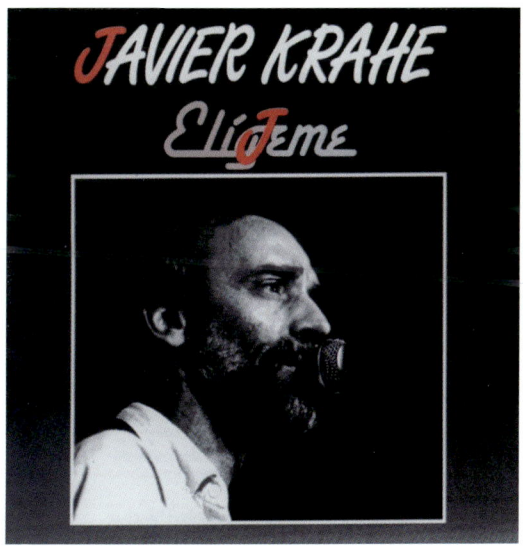

10

Unos metros más adelante, en el número 29 de esta calle San Vicente Ferrer, nos encontramos con el **Café Manuela**. Este local era una antigua carpintería que abrió en 1979 con una decoración inspirada en los clásicos cafés literarios. Durante la época de la Movida, su escenario acogió a músicos de jazz y de otros estilos musicales. Por sus mesas han pasado distinguidos clientes como los escritores Rosa Chacel, Carmen Martín Gaite, Rafael Sánchez Ferlosio o Francisco Umbral.

En su interior de clásica decoración se han rodado más de 60 películas y anuncios publicitarios. Realizan además actividades culturales como tertulias, talleres de poesía, presentaciones de libros y exposiciones artísticas. Tiene además una surtida colección de juegos de mesa, que prestan a sus clientes para disfrutar de un buen rato tomando un café.

11

Seguimos andando por esta vía hasta el cruce con la calle San Andrés, que tomamos a la izquierda para desembocar en la calle Espíritu Santo. En el portal del número 23, recordamos a **Enrique Urquijo** (1960-1999). Líder del grupo musical Los Secretos, era además solista, compositor, bajista y guitarrista. Además de esta banda, formó parte de grupos como Tos y Los Problemas. Entre sus grandes obras destacan los temas *Déjame*, *Pero a tu lado* o *Agárrate a mí María*, esta última dedicada a su hija pequeña.

Alejado de sus problemas de adicción y estando en proceso de desintoxicación, Enrique Urquijo murió el 17 de noviembre de 1999, víctima de la mezcla de cocaína con la medicación que tomaba. Estando esa tarde con dos personas, perdió el conocimiento y falleció. Más tarde, su cuerpo fue abandonado en este portal. Sus fans siguen hoy día escribiendo versos de sus canciones con rotulador sobre la madera del portón. Su hermano Álvaro Urquijo es el actual líder del grupo Los Secretos, que continúa su legado con una muy activa vida musical, dando conciertos por toda España.

12

Volvemos sobre nuestros pasos y caminamos por la calle Espíritu Santo hasta la plaza del Rastrillo. Seguimos andando dos manzanas hasta llegar a la calle Madera. Tomamos toda esta calle cuesta abajo, hasta desembocar en la populosa calle del Pez. En el número 8 de esta vía recordamos a **El Palentino**. Este mítico bar fundado en 1942 fue muy popular en este barrio, con su clientela fija y sus precios populares en cañas y bocadillos.

Apareció en películas como *Princesas* (2005) de Fernando León de Aranoa y *El Bar* (2017) de Álex de la Iglesia. Este director quedaba allí junto al guionista Jorge Guerricaechevarría a preparar guiones de sus películas. El músico Andrés Calamaro vivió muy cerca del Bar El Palentino y fue cliente asiduo hasta su cierre en 2018 por jubilación de sus dueños de siempre. Aunque volvió a abrir sus puertas de nuevo en 2019, reconvertido en un bar de diseño totalmente distinto, no acabó de cuajar. En su recuerdo, destacamos la canción Somos (1990) del grupo Siniestro Total que cita a este bar:

«Nosotros somos seres racionales

de los que toman las raciones en los bares

y no nos digas que no está bien

Que ya sabemos cuáles son nuestros males

Vamos a Kway y al Berberecho

Al Palentino y a lo hecho pecho…»

13 Desde la calle Pez, bajamos hasta la calle San Bernardo. Doblamos a nuestra izquierda y caminamos por la acera de los pares cuatro manzanas hasta llegar a la calle Marqués de Leganés. En el número 7 se encuentra la histórica **Sala Morocco**. Abierta en 1951 como cabaret, acogió a vedettes, humoristas y figuras del destape. En 1978 cambió de nombre y pasó a denominarse Talismán, continuando durante los años 80 con actuaciones de cantantes y humoristas, espectáculos de desnudos y orquestas de baile.

A comienzos de los años 90 empezó a ser gestionada por un grupo de artistas, capitaneados por Alaska, que le devolvieron el clásico ambiente de cabaret, tan querido por los noctámbulos de siempre. Morocco resurgió con fuerza y fue un punto de reunión de figuras del *artisteo* y la cultura, como Almodóvar, Miguel Bosé, los hermanos Berlanga, Antonio Flores, el fotógrafo García-Alix… El Morocco vivió una gran etapa de conciertos y fiestas, pero también de presentaciones de libros y conferencias, uniendo la cultura con la diversión.

14

Subimos por la calle Marqués de Leganés hasta desembocar en la calle Libreros. Aquí hablaremos de **Olvido Gara** (1963), la popular Alaska, musa e icono indiscutible de la Movida madrileña. Alaska aterrizó en Madrid en 1973, procedente de México, con tan solo diez años de edad. Cantante, actriz y presentadora, ha formado parte de los grupos musicales Kaka de Luxe, Alaska y los Pegamoides, Alaska y Dinarama, y en la actualidad continúa cantando junto a Fangoria. Sus canciones se han convertido en auténticos himnos como *Bailando*, *Cómo pudiste hacerme esto a mí*, *Ni tú ni nadie* o *A quién le importa*, entre otras muchas.

Desde hace años vive junto a su marido, Mario Vaquerizo, en una sorprendente vivienda de la calle Libreros, que ha aparecido en programas de televisión e incluso tiene una página en una red social. Decorada con un personalísimo estilo ecléctico y colorido, fusiona un mobiliario de estilo vintage con elementos modernos, reflejando fielmente la personalidad de ambos. En este bloque, construido en 1900, disponen de una vivienda de 140 metros cuadrados en la segunda planta, la Casa Rosa, y otra vivienda en la cuarta planta, la Casa Azul. La Casa Rosa destaca por su colorido y su decoración *kitsch* y recargada. Guarda infinidad de recuerdos, colecciones, figuras de porcelana, muñecos, obras pictóricas y hasta un altar dedicado a Lola Flores. La Casa Azul no dispone de dormitorios y es utilizada para eventos y para recibir visitas de familiares y amigos.

15

Bajamos por la calle Libreros hasta la Gran Vía y la tomamos a mano izquierda, subiendo por la acera de los pares. Al llegar al edificio Telefónica, giramos a la izquierda por la calle Valverde. En el número 10 se encuentra el **Ya'sta Club**. Esta sala de música en vivo, abierta en 1985, ha destacado sobre todo por la música electrónica más moderna, pero allí también se ha escuchado pop, rock, soul, heavy, punk y otros muchos estilos. Sigue siendo un referente de la noche madrileña y ha diversificado su oferta con exposiciones, monólogos, poesía musicada, *body painting*, bingo o fiestas de *drag queens.*

RUTA 2

Malasaña se escribe con "m" de Mujer

Duración estimada 90 minutos

Grandes mujeres han nacido, vivido y creado sus obras en este barrio. Mujeres de «rompe y rasga», mujeres escritoras, pensadoras, periodistas, artistas, poetas, actrices, cantantes, empresarias, religiosas, mujeres en las que arrancó la chispa del feminismo y personajes de la aristocracia y la realeza.

Todas ellas dieron carácter y personalidad a estas calles de Malasaña, y su impronta ha permanecido muy viva. A todas ellas dedicamos este recuerdo, con nuestro mayor agradecimiento por el gran trabajo que realizaron durante sus vidas.

RUTA 2

Malasaña se escribe con "m" de mujer

Alberto Aguilera

Santa Cruz

de

San

Princesa

Mártires de Alcalá

Duque

Conde

Plaza Comendadoras

①

VENTURA RODRÍGUEZ

M

Duque de Liria

②

Trv. Conde Duque

Limón

Amaniel

San Bernardino

Noviciⁱ

NO⁰

Plaza Cristino Martos

③

San Leonardo

Mtro. Guerrero

Plaza Conde de Toreno

Rey

④

Álamo

Plaza España

⑤

Plaza Mostenses

Ricardo León

M

PLAZA DE ESPAÑA

Gran

STO. DOMINGO

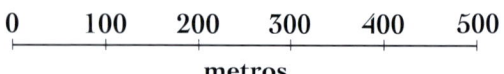

```
0      100     200     300     400     500
|       |       |       |       |       |
              metros
```

62

SAN BERNARDO

Glorieta
Ruiz Jiménez

BILBAO

Carranza

Glorieta
Bilbao

Marcenado
32
Manuela
31
Malasaña
30

ermenegildo

Monserrat

Ruiz
Andrés
Pastor
29

Quiñones

Divino

Monteleón

Bernardo

San

Plazuela
Antonio Vega

Daoiz
Plaza
Dos de Mayo
Velarde

San

Pablo

de

TRIBUNAL

Norte
Palma
7
8
La
Lucía
Sta.
Palma

Vicente
9

Espíritu
Plaza
Rastrillo
Ferrer

Corredera

Alta

Fuencarral

Pozas
Tesoro
Santo

Minas
Marqués de Sta. Ana
del
Valle
San Joaquín

Jesús
Viento

10
Plaza
San Ildefonso

Andrés Borrego
Pez
Madera
El Escorial
Pablo
Colón
28

Bernardo

San

Cruz Verde
11
Molino
de
Plaza
Rafaela
Carra

Pizarro
Plaza
Carlos Carbonero
21
27

San

La Luna
13
Roque
Barco

Estrella
12
San
14
Corredera

Flor Alta
22
La Puebla

17
Libreros
Silva
15
Plaza Sta. M.ª
Soledad Torres Acosta
Ballesta
24
Valverde

16
20

Tudescos
18
19
Desengaño
23

CALLAO
Plaza
del Callao
Gran
Vía
25
26

GRAN VÍA

63

1 Palacio de Liria (C/ Princesa, 20)
2 Estatua Emilia Pardo Bazán (jardines C/Princesa)
3 Farmacia Arteaga (C/ San Bernardino, 11)
4 Instituto del Cardenal Cisneros (C/ Reyes, 4)
5 Placa de Concha Piquer (C/ Reyes,48)
6 Placa de Emilia Pardo Bazán (C/ San Bernardo, 35)
7 Palacio de Parcent (C/ San Bernardo, 66)
8 Noches del Cuplé (C/ Palma, 51)
9 Casa de Rosa Chacel (C/ San Vicente Ferrer, 32)
10 Placa de Clara Campoamor (C/ Marqués de Santa Ana, 4)
11 Casa natal de Loreto Prado (C/ Madera, 20)
12 Casa de Concepción Arenal (C/ Madera, 6)
13 Monasterio de San Plácido (C/ San Roque, 9)
14 Monasterio de San Plácido (C/ San Roque, 9)
15 La Casa de la Troya (C/ Libreros)
16 Placa a 'La Felipa' (C/ Libreros,16)
17 Casa de Julia Espín y Pérez de Colbrand (C/ Libreros, 5)
18 Casa de Ana de Villafranca (C/ Tudescos)
19 Casa de Gertrudis G. Avellaneda (C/ Concepción Arenal, 9)
20 Plaza de Santa María Soledad Torres Acosta
21 «Casa de la Cruz de Malta» (Crda Baja de San Pablo, 20)
22 Casa de Rosalía de Castro (C/ Ballesta, 13)
23 Casa de Josefa Bayeu (C/ Desengaño, 1)
24 Convento de monjas mercedarias (C/ Puebla, 1)
25 Hotel Hyatt "Diana cazadora" (Gran Vía, 31)
26 Casa de Adelina Patti (C/ Fuencarral -desaparecida-)
27 Plaza de Raffaella Carrà (C/ Fuencarral, 45)
28 Mural «Un homenaje a dos mujeres» (C/ Fuencarral, 47)
29 Iglesia Religiosas de María Inmaculada (C/ Fuencarral, 97)
30 Teatro Maravillas (C/ Manuela Malasaña, 6)
31 Placa de María Lejárraga (C/ Manuela Malasaña, 18)
32 Casa de Carmen de Burgos (C/ Manuela Malasaña, 76)

1 Comenzamos nuestra ruta en el número 20 de la calle Princesa, a las puertas del Palacio de Liria, para hablar de **Cayetana Fitz-James Stuart** y **Silva Fernández de Híjar** (1926-2014). La popular XVIII duquesa de Alba fue la aristócrata que ostentó más títulos nobiliarios en todo el mundo. Nacida en Madrid, tuvo seis hijos con su primer marido, Luis Martínez de Irujo. Tras la destrucción del Palacio de Liria en la Guerra Civil, su padre Jacobo Fitz-James Stuart comenzó en 1948 la reconstrucción, concluida en 1956. Cayetana y su esposo Luis Martínez de Irujo completaron esta obra con la adquisición de mobiliario y obras artísticas, devolviéndole el antiguo esplendor. En 1976 se constituyó la Fundación Casa de Alba, con el fin de mantener unido el legado artístico y documental que atesora la familia desde hace siglos. Esta fundación asume su conservación y permite el estudio a los investigadores de una de las colecciones de arte privadas más importantes del mundo.

2 Junto a este palacio, en unos jardines de la calle Princesa, admiramos la estatua sedente de **Emilia Pardo Bazán** (1851-1921). Periodista, escritora, ensayista y pionera en la lucha en defensa de los derechos de las mujeres, esta gallega residió en Madrid la mayor parte de su vida. Autora de libros como *Los pazos de Ulloa* o *Insolación*, vivió entre 1890 y 1915 en el número 35 de la calle San Bernardo. Allí escribió parte de su obra y recibió a grandes personalidades e intelectuales de la época.

La casa estaba situada muy cerca de la Universidad Central, donde impartió clases y llegó a ser catedrática de Lenguas Neolatinas. Fue la primera mujer en dar una conferencia en la Universidad parisina de la Sorbona. Tenía encuentros secretos con su más que amigo Benito Pérez Galdós en la iglesia de las Maravillas de este barrio. Pasó los últimos años de su vida en un palacete de la calle Princesa, 33, donde falleció.

EN ESTA CASA VIVIÓ
DE 1890 A 1915 Y ESCRIBIÓ
PARTE DE SU OBRA
EMILIA
PARDO BAZÁN
Y EN SUS SALONES RECIBIÓ A
GRANDES PERSONALIDADES
DE SU ÉPOCA

3

Desde aquí tomamos la calle San Bernardino y nos dirigimos al número 11, donde se encuentra la farmacia Arteaga. Aquí hablamos de **Elvira Moragas** (1881-1936), la primera mujer que obtuvo en España el título de farmacéutica, en el año 1905. Regentó entre 1909 y 1915 esta botica familiar, hasta que la dejó para profesar como monja en el convento de San José y Santa Ana. Fusilada en 1936, fue beatificada en 1998 por el papa Juan Pablo II y nombrada patrona de los farmacéuticos de Polonia.

Esta antigua farmacia familiar, conocida popularmente como *de la Beata*, destaca por sus estanterías clásicas llenas de antiguos tarros de cerámica y frascos de cristal. Tiene una pintura mural en el techo de la diosa de la sanidad, Higía, obra de Daniel Zuloaga.

4 Continuamos por la calle San Bernardino hasta desembocar en la calle Reyes, donde se encuentra el Instituto del Cardenal Cisneros. Aquí recordamos a María Moliner (1900-1981). Nacida en Zaragoza en una familia acomodada, se trasladó en 1910 a vivir a Madrid. María entró a estudiar el bachillerato como alumna libre en este instituto entre 1910 y 1915.

Se licenció en 1921 en la carrera de Filosofía y Letras con premio extraordinario. Tras aprobar la oposición al Cuerpo Facultativo de Archiveros y Bibliotecarios, trabajó en varios destinos por España. Destacan su obra de 1939 *La lectura pública en España* y el *Plan de Bibliotecas de María Moliner*, considerado el mejor plan bibliotecario de España. Entre 1966 y 1967 publicó en la Editorial Gredos su obra cumbre, por la que siempre será recordada: *Diccionario de uso del español*.

5

Tomamos la calle Reyes en sentido descendente hasta llegar a la Gran Vía. En el portal del número 48, una placa romboidal recuerda a **Concha Piquer** (1906-1990). Esta gran cantante de canción española y copla vivió en este edificio llamado Coliseum. La inolvidable intérprete tuvo grandes éxitos, como *Tatuaje*, *Ojos verdes*, *A la lima y al limón* o *La lirio*, entre otros muchos. Residió en el 2.º izquierda desde la inauguración del inmueble en 1933 hasta su fallecimiento en 1990. Allí tuvo su estudio, por el que pasaron artistas como Orson Welles, Mariano Benlliure, Jacinto Benavente, Rafael de León, el maestro Quiroga y hasta una desconocida cantante principiante llamada Rocío Jurado. Su vecino fue el músico y compositor Jacinto Guerrero, promotor del edificio.

6 Subimos Gran Vía arriba por la acera de los pares hasta llegar a la calle San Bernardo. Tomamos esta calle y pasamos por el número 35, donde vemos la placa en la casa donde vivió **Emilia Pardo Bazán**, antes citada.

Justo frente a esta casa está la calle Luna, que tomamos para ir al número 32. Aquí hablamos de Luisa Carlota de Borbón y Borbón (1804-1844), princesa de las Dos Sicilias e infanta de España. Nieta del rey Carlos IV, vivió en este palacio diseñado en el siglo XVIII por Juan de Villanueva.

Estuvo casada con el infante don Francisco de Paula, hermano de Fernando VII. De ideas liberales, fue una gran defensora de los derechos sucesorios de su sobrina Isabel, futura reina de España. Influyó en Fernando VII para que aboliera la Ley Sálica, en oposición al infante don Carlos. Se cuenta que llegó a entrar bruscamente y sin avisar en la habitación del monarca, donde yacía enfermo, para hacerle firmar la anulación de la ley. Cuando el ministro Francisco Calomarde le cortó el paso, ella le propinó una gran bofetada. Calomarde sólo pudo decir la frase: «Manos blancas no ofenden».

Partidaria de la boda de su hijo Francisco de Asís con la futura reina Isabel II, falleció sin poder ver esa ansiada boda, que se celebró en 1846.

7 Regresamos a la calle San Bernardo y caminamos por la acera de los pares hasta llegar al número 66. Aquí se encuentra el Palacio de Parcent, que fue residencia de **María de Guzmán** (1767-1803). Su nombre completo era María Isidra de Guzmán y de la Cerda, marquesa de Guadalcázar y de Hinojares.

Desde joven tuvo excepcionales cualidades intelectuales. En 1784, con tan solo 17 años, recibió el título de académica honoraria de la Lengua. Gracias al rey Carlos III obtuvo el permiso, vetado entonces a las mujeres, para poder presentarse a los exámenes de la Universidad de Alcalá. En 1785 consiguió el título de doctora en Filosofía y Letras. Fue socia de honor de la Academia Imperial de Artes de San Petersburgo. También fue socia de mérito de la Sociedad Económica Matritense, presidida por Jovellanos, dónde fundó la rama femenina.

8 Seguimos por la calle San Bernardo arriba hasta cruzarnos con la calle Palma. En el número 51 estuvo entre 1968 y 1999 un restaurante-espectáculo llamado *Las noches del Cuplé*, que fue propiedad de la gran **Olga Ramos** (1918-2005). Esta artista amenizaba las cenas con sus famosos chotis y cuplés picantes, como *La Lola*, *La chica del 17* o *Si te casas en Madrid*, muy aclamados por el público.

Como anécdota, recordar a Victoria Kent, diputada y directora de Prisiones en la Segunda República. Cuando en 1977 regresó a España del exilio, visitó el local. Olga Ramos le dedicó el famoso chotis "Pichi", en cuya letra se cita a Victoria.

Esta artista tocaba el violín y cantaba en el desaparecido Gran Café Universal, en el número 14 de la Puerta del Sol. Allí conoció a su marido, el director de orquesta Enrique Ramírez de Gamboa, *Cipri*. En su madurez profesional fue muy conocida por rescatar y popularizar el cuplé, el chotis y la chulería madrileña.

Las obras en la fachada de este edificio en 1999 arrasaron con la placa municipal que el Ayuntamiento dedicó a Olga Ramos y que decía: «En la finca de este viejo rincón de Madrid, la violinista y cantante Olga Ramos con su arte mantiene vivo el cuplé».

9

Seguimos por la calle Palma arriba tres manzanas hasta llegar a la calle San Andrés. Giramos a la derecha y llegamos al número 32 de la calle San Vicente Ferrer. Nos detenemos en ese portal para recordar a **Rosa Chacel** (1898-1994). En esta casa residió entre 1908 y 1911. Vivía en el cuarto piso con su madre y su abuela, y desde aquí iba a la Escuela de Artes y Oficios de la calle Palma. Más tarde estudió escultura en la Escuela de Bellas Artes de San Fernando.

La autora cita esta casa en su libro de memorias Desde el amanecer. En este lugar ambientó su obra Barrio de Maravillas (1976), en la que escribió: «Este es un barrio de mujeres con talento, coraje y generosidad».

10

Volvemos a la calle San Andrés hasta su inicio en la plaza del Rastrillo. Desde esta vía bajamos en cuesta la calle Marqués de Santa Ana. En el portal del número 4 vemos la placa municipal en recuerdo de **Clara Campoamor** (1888-1972).

Nacida en esta casa, de joven estudió en el Instituto del Cardenal Cisneros. Esta abogada, escritora y activista luchó firmemente por los derechos de la mujer. Como diputada en el Congreso, consiguió que la Constitución de 1931 reconociera el derecho al voto de las mujeres en España, cuestión que hasta entonces habían rechazado mayorías de ambos sexos. Dicho voto fue ejercido por primera vez en las elecciones generales de 1933.

Al estallar la Guerra Civil, Clara Campoamor se marchó exiliada a Lausana (Suiza), donde vivió hasta su fallecimiento en 1972. Desde 2006 tiene un busto de bronce en su memoria instalado en la plaza Guardias de Corps, frente a la portada del Centro Conde Duque, obra del artista Lucas Alcalde.

11 La cuesta de la calle Marqués de Santa Ana finaliza en la calle del Pez. Giramos a nuestra izquierda y caminamos hasta llegar a la calle de la Madera. En el número 20 nació **Loreto Prado** (1863-1943).

Esta mujer se subió a los escenarios con tan solo 14 años. Fue primera figura de la compañía de María Tubau, representando el género chico en el Teatro Apolo de la calle Alcalá. En 1898 fue contratada por Enrique Chicote para representar en el Teatro Martín la obra cómica *La tonta del capirote*. Fue tal el éxito que crearon una compañía de comedias llamada Loreto y Chicote.

Fueron pareja sentimental y artística durante cuarenta y cinco años, muy querida y admirada por el público. En su trayectoria representaron casi dos mil comedias y sainetes. Tuvieron teatro propio, El Cómico, donde alcanzaron grandes éxitos gracias a las obras de Carlos Arniches.

El Ayuntamiento dedicó en 1936 una corta calle de este barrio, entre Ballesta y la Corredera Baja de San Pablo, a esta pareja formada por Loreto Prado y Enrique Chicote (1870-1958). Fue un hecho muy excepcional en la ciudad, ya que ambos estaban vivos entonces.

12 En el número 6 de la calle de la Madera vivió de soltera **Concepción Arenal** (1820-1893). Nacida en El Ferrol, se casó en 1848 en la iglesia de San Ildefonso con el abogado Fernando García Carrasco. Fue una gran escritora y pensadora, que estudió la situación social de su época y el régimen penitenciario español con la idea de reformarlo.

Fue muy conocida por su frase: «Odia el delito y compadece al delincuente». Redactora del periódico progresista *La Iberia*, fundó además el *Diario de la Caridad*. Fue autora de ensayos como *El visitador del pobre, El visitador del preso, Cartas a un obrero, La mujer y el porvenir o La mujer de su casa*.

Tiene además una placa en la puerta del antiguo paraninfo de la Universidad Central (calle de San Bernardo, 49), ya que allí cursó sus estudios de Derecho entre 1842 y 1845.

13

De vuelta a la calle del Pez, nos encontramos con el monasterio de monjas benedictinas de San Plácido, en la esquina con la calle de San Roque. Aquí recordamos a **Teresa del Valle y de la Cerda**, quien fundó en 1624 este cenobio con una aportación de 20 000 ducados, con la idea de ser nombrada priora.

Se dice que, tras esta fundación, quiso huir del hombre que la pretendía, Gerónimo de Villanueva Fernández de Heredia, marqués de Villalba y poderoso protonotario de Aragón, quien también participó económicamente en la fundación.

El convento sufrió en el siglo XVII un conocido caso de posesión demoníaca de veintiséis monjas, suceso investigado por la Inquisición. Tras el juicio, se decidió recluir a las monjas en otros conventos e imponer la pena de cárcel perpetua al fraile confesor del convento, acusado de drogar y abusar de las religiosas.

14 Una de las monjas más conocidas que profesó en este monasterio de San Plácido (calle de San Roque, 9) en el siglo XVII fue **sor Margarita de la Cruz**. Se cuenta la leyenda de que el rey Felipe IV se enamoró de esta bella novicia y estuvo acosándola para conquistarla.

Para acabar con este asedio real, las monjas fingieron la muerte de sor Margarita, instalándola una noche dentro de un ataúd con velones encendidos. Cuando el monarca accedió al cenobio, quedó paralizado por la escena y huyó del lugar arrepentido, donando a la iglesia el famoso cuadro del *Cristo de Velázquez*.

15

Desde la calle de San Roque vamos en dirección a la Gran Vía y desembocamos en la plaza de Santa María Soledad Torres Acosta. En el lateral oeste de la plaza, tomamos la calle de la Estrella hasta llegar a la calle de los Libreros.

Aquí recordamos a **Josefa Borrás**, conocida como Doña Pepita. Nacida en Valencia, se dedicó a la muy novedosa venta de libros de texto de segunda mano. Su primera tienda la tuvo en la calle de Jacometrezo, pero tuvo que dejarla y trasladarse hasta aquí porque resultó afectada por las obras de construcción de la Gran Vía.

Era una mujer muy formada para su época, ya que era maestra, profesora de sordomudos y hasta telegrafista. Llegó a ser muy popular, ya que incluso prestaba dinero a algún estudiante de fiar. Tenía una gran memoria para recordar los nombres de los textos y autores que impartían los catedráticos de institutos y universidades.

Tras fallecer en 1923, su local cambió de nombre y pasó a llamarse *La Casa de la Troya*. En la calle se fundaron otras librerías por dependientes que ella había tenido, como *La Felipa*, *La Fortuna o Madrid*.

16 Precisamente, en el número 16 de esta calle vemos la placa municipal en memoria de la librera **Felipa Polo** (1911-2002). Esta mujer trabajó como dependienta en el local de *Doña Pepita* en esta misma calle. Tras fallecer su jefa en 1923, abrió su propia librería llamada La Felipa, que fue muy popular en el mundillo universitario de los años sesenta y setenta

17

Un poco más abajo, nos encontramos en el número 5 de esta calle de los Libreros con el balcón de **Julia Espín y Pérez de Colbrand** (1838-1906). Esta relevante soprano española fue conocida artísticamente como Julia Colbrand.

Vivió en esta casa, donde su familia organizaba tertulias a comienzos de la década de los sesenta del siglo XIX, muy conocidas y frecuentadas por la sociedad madrileña. Se cuenta que el poeta Gustavo Adolfo Bécquer se enamoró de Julia tras verla asomada al balcón junto a su hermana Josefina. Frecuentó su casa en aquellas animadas tertulias familiares, y ella le sirvió de inspiración para escribir sus famosas *Rimas*.

El poeta regaló a Julia dos álbumes con dibujos y algunos poemas que le dedicó, conservados hoy día en la Biblioteca Nacional.

18

Calle abajo, terminamos en la Gran Vía. Giramos a nuestra izquierda y llegamos a la calle de Tudescos. Aquí recordamos a **Ana de Villafranca** (1563-1598), quien vivió en esta calle durante el siglo XVII.

Siendo esposa del tabernero Alonso Rodríguez, fue amante del escritor Miguel de Cervantes. Con él tuvo en 1584 a su única hija, Isabel de Saavedra. Ana falleció muy joven, y en 1599 Cervantes asumió su responsabilidad como padre y reconoció a su hija cuando ya tenía quince años, poniéndole su segundo apellido, Saavedra.

Isabel pasó los últimos años de su vida profesando como monja en el convento de las Trinitarias, donde su padre estaba enterrado.

19

Continuamos por la Gran Vía arriba y cruzamos un par de calles hasta llegar a la calle de Concepción Arenal. En el número 9 vivió hacia 1845 **Gertrudis Gómez de Avellaneda** (1814-1873).

Autora precoz, escribió su primera novela a los doce años. Gran lectora y traductora de autores franceses, colaboró en periódicos de Sevilla. Tras trasladarse a Madrid, se dio a conocer por sus versos, recitados por José Zorrilla en el Ateneo, lo que le abrió las puertas del mundo literario madrileño.

Mujer de gran belleza, en 1841 editó su libro *Poesías*, escribió novelas como *Dos mujeres* y estrenó dramas como *Baltasar*. Tuvo una vida sentimental agitada, con dos bodas concertadas de las que huyó, amores apasionados no correspondidos, relaciones tormentosas, un hijo ilegítimo, una boda por compasión y otra sincera.

Falleció casi ciega y con la tristeza de no haber podido acceder a la Real Academia Española por ser mujer. Su candidatura fue duramente atacada y ultrajada con versos obscenos, pero, a pesar de ello, dejó en su testamento la propiedad de toda su obra literaria a la Academia.

20 Por esta corta calle accedemos a la popular *plaza de la Luna*, cuyo nombre oficial es plaza de **Santa María Soledad Torres Acosta** (1826-1887).

Nos recuerda a esta mujer, nacida en la cercana calle de Flor Baja. En 1851 fundó la Congregación de las Hermanas Siervas de María, Ministras de los Enfermos. La casa madre se encuentra en la plaza de Chamberí y la congregación se ha extendido por Europa, América, África y Asia.

Estas monjas se encargan de asistir a domicilio a los enfermos en horario nocturno. Fue beatificada en 1950 por el papa Pío XII y canonizada en 1970 por Pablo VI.

21 Desde esta plaza, tomamos a la derecha la Corredera Baja de San Pablo. En el número 20 se encuentra la llamada «casa de la Cruz de Malta». Este edificio, construido en el s. XVII, perteneció a dicha Orden. Aquí vivió junto con sus hijos **Ana Ruiz**, madre de Antonio Machado, después de residir en varios domicilios madrileños. En 1909, el poeta pasó parte de su luna de miel en esta casa, tras casarse en Soria con Leonor. La familia Machado se había trasladado en 1883 a vivir a Madrid, ya que su abuelo Antonio ganó la cátedra de Medicina en la Universidad Central de la calle de San Bernardo. Antonio estudió el bachillerato en el Instituto San Isidro y también en el Instituto Cardenal Cisneros de la cercana calle Reyes. Machado estudió la carrera de Filosofía en la Universidad Central de este barrio.

22 Volvemos por nuestros pasos por la Corredera hasta el cruce con la calle Ballesta y bajamos por esta vía. En la planta baja del número 13 vivió entre 1856 y 1858 la poetisa **Rosalía de Castro** (1837-1885). Allí compuso su primera obra, el poemario *La flor*, publicado en Madrid. Se casó en la cercana iglesia de San Ildefonso con el crítico e historiador Manuel Murguía el 10 de octubre de 1858. En 1983 el Centro Gallego de Madrid colocó una placa en el atrio de la iglesia, recordando esta boda.

23

Bajamos en descenso por la calle Ballesta hasta llegar a la calle Desengaño. La tomamos a la izquierda y cruzamos un par de manzanas hasta llegar al número 1, esquina a la calle Valverde. Aquí vivió **Josefa Bayeu** (1747-1812), junto a su marido, el aragonés universal Francisco de Goya. El inmueble fue adquirido en 1800 por el artista; aquí nació su hijo Javier y pasó gran parte de la Guerra de la Independencia. Josefa falleció en este lugar en 1812.

En la planta baja había una tienda de licores y perfumes donde, el 17 de enero de 1799, se pusieron a la venta la colección de *Los Caprichos*. Esta serie de 80 estampas, grabadas con la técnica del aguafuerte, estaba formada por «asuntos caprichosos e inventados» y tenía un precio de 320 reales de vellón. En la planta baja había una tienda de licores y perfumes . Allí se pusieron a la venta el 17 de enero de 1799 la colección de "Los Caprichos". Esta serie de 80 estampas, grabadas con la técnica del aguafuerte, estaba formada por «asuntos caprichosos e inventados». Su precio de venta era de 320 reales de vellón.

24

Subimos calle Valverde arriba hasta el cruce con la calle Puebla. En el número 1 nos encontramos con el Convento de monjas mercedarias de Don Juan de Alarcón, fundado en 1609. En la parte izquierda del crucero de la iglesia se conserva un altar dedicado a la **Beata Mariana de Jesús** (1565-1624). Cada 17 de abril, festividad de la Beata, se expone en el altar mayor de la iglesia un arcón con el cuerpo incorrupto de esta santa mujer, siendo venerado por los fieles. Muy caritativa con los pobres y necesitados, a los que socorrió durante toda su vida, la Beata es copatrona de Madrid junto a San Isidro y la Virgen de la Almudena.

25 Volvemos por nuestros pasos por la calle Valverde hasta la Gran Vía. Frente a nosotros tenemos el Hotel Hyatt, en el número 31 de esta avenida. En su terraza admiramos la escultura de Diana cazadora, obra de Natividad Sánchez (1960). Es la primera mujer que subió en octubre de 2017 una escultura al «museo de las azoteas» que es la Gran Vía. La artista es arquitecta y profesora en la Escuela de Artes y Oficios de la cercana calle Palma. Cuando recibió el encargo de los empresarios mexicanos Díaz-Estrada, propietarios del hotel, estuvo apoyada por un grupo de tres mujeres profesoras y tomó como modelo a su hija.

La escultura se inspira en una Diana que podemos ver en el Paseo de la Reforma de México, obra del escultor Olaguibel. Diana, hija de Zeus, va acompañada de cinco perros. Dispara sus flechas de amor contra el ave fénix para evitar que se lleve en el lomo a su amado, el joven pastor Endimión. Ese otro grupo escultórico lo vemos en la azotea del edificio de enfrente, en el número 32 de la Gran Vía. Hay marcas de cantero en el suelo de granito; son dos flechas talladas en la acera junto a la puerta de unos conocidos almacenes.

26 Caminamos por la Gran Vía, dejando a nuestra izquierda el Edificio Telefónica para llegar a la populosa calle Fuencarral. En el comienzo de esta vía nació **Adelina Patti** (1843-1919), en una casa ya desaparecida por las obras de construcción de la Gran Vía. Hija de cantantes, nació casualmente en la capital, ya que sus padres estaban representando la obra *Norma* de Bellini. Fue una cantante precoz, ya que debutó con tan solo siete años en la Ópera italiana de Nueva York, que dirigía su padre. Y en esta misma ciudad debutó con tan solo dieciséis años con la obra *Lucia di Lammermoor*. Cantante de gran virtuosismo y gran talento dramático, disfrutó de una carrera triunfal por los mejores escenarios de Europa y América.

27 Paseamos por la muy comercial calle Fuencarral arriba hasta el número 45, para llegar a la recientemente denominada plaza de **Raffaella Carrà** (1943-2021). Nacida en Bolonia (Italia), fue bautizada como Raffaella María Roberta Pelloni. Empezó con sólo seis años a estudiar ballet y danza, y más tarde se pasó a la interpretación. Bailarina, actriz, cantante y presentadora, fue muy querida en España, donde realizó numerosos programas de televisión junto al productor Valerio Lazarov. Canciones suyas como «Fiesta», «Rumore» o «Qué dolor» tuvieron un gran éxito popular.

28 En el número 47 de esta calle Fuencarral, recordamos a la artista británica **Helen Bur** (1990). En esta medianería tiene un mural titulado *Un homenaje a dos mujeres*, pintado en 2021 durante la feria de arte urbano *Urvanity*. Se trata de una mujer de espaldas que sostiene la figura de una mujer desnuda sobre sus manos entrelazadas. Es un homenaje a la artista argentina Hyuro, fallecida en 2020 a causa del cáncer, y también a la madre de la artista. Ambas se conocieron en 2014, cuando coincidieron en una feria de arte urbano de Cardiff (Reino Unido).

29

Seguimos calle Fuencarral arriba hasta llegar al cruce con la calle Divino Pastor. Una iglesia de estilo neogótico de 1915 nos recuerda a **Santa Vicenta María López y Vicuña** (1847-1890). Fundó en 1876 la Congregación de las Hijas de María Inmaculada, llamada las «Hermanas del Servicio Doméstico», para atender y acoger a sirvientas sin trabajo y a mujeres que acudían a Madrid por primera vez sin preparación alguna. La congregación se estableció en 1886 en este barrio, ocupando el antiguo palacio del conde de Vistahermosa de la calle Fuencarral con vuelta a la calle Divino Pastor. La religiosa fue canonizada en 1975 por el papa Pablo VI.

30 Continuamos por la calle Fuencarral una manzana hasta llegar a la calle Manuela Malasaña, que tomamos a nuestra izquierda. En el número 6, sede del Teatro Maravillas, destacamos a **Sarah Bernhardt** (1844-1923). Esta gran actriz dramática francesa actuó aquí en 1922, siendo la última vez que lo hizo en Madrid. En este coliseo actuaron también grandes intérpretes femeninas, como la actriz Raquel Meller. Aquí se despidió de los escenarios la actriz Rosario Pino, interpretando una obra de los hermanos Álvarez Quintero. La actriz y vedette Celia Gámez estrenó en esta sala la revista *El Águila de fuego*.

31

Más adelante, en el número 18 de la calle Manuela Malasaña, recordamos a **María Lejárraga** (1874-1974). Tiene una placa romboidal en esta finca donde vivió. Curiosamente, en la fachada también se muestra un código QR, en el que se puede leer su historia. Esta prolífica escritora fue, además, una destacada feminista que luchó por los derechos de la mujer y el asociacionismo femenino. Cursó Magisterio y profesorado de Comercio en la Asociación para la Enseñanza de la Mujer, regida por los principios liberales de la Institución Libre de Enseñanza. Ejerció una década como maestra en la Escuela Modelo de la plaza del Dos de Mayo. Promotora del Lyceum Club Femenino de Madrid, en las elecciones de 1933 fue una de las primeras mujeres elegidas como diputadas.

Se casó en la iglesia de Nuestra Señora de las Maravillas con el dramaturgo y empresario teatral Gregorio Martínez Sierra. Durante años, esta pareja trabajó conjuntamente, creando textos dramáticos, novelas, ensayos, artículos de prensa, empresas editoriales, producciones cinematográficas, libretos musicales, conferencias feministas y la gestión del Teatro Eslava. Su éxito más sonado fue la comedia *Canción de cuna*.

32 La calle Manuela Malasaña finaliza en la calle San Bernardo. En el número 76 de esta vía está la casa decimonónica donde residió **Carmen de Burgos** (1867-1932). En 1909 fue la primera mujer española corresponsal en la guerra de Melilla, y también la primera periodista que tuvo un trabajo fijo en un periódico. Era conocida con el pseudónimo de «Colombine», con el que firmaba en el diario Universal, siendo su jefe Augusto Figueroa. El 30 de mayo de 1921 organizó la primera manifestación feminista de España, para presentar un manifiesto por la igualdad en el Congreso de los Diputados. En esta vivienda organizaba los «Miércoles de Colombine», reuniones en las que tenían lugar debates intelectuales con personalidades de las letras y las artes a las que invitaba.

RUTA 3

Héroes y heroínas del Dos de Mayo

Duración estimada 45 minutos

En marzo de 1808, España es invadida por tropas francesas al mando del general Murat, con la excusa de atravesar la Península Ibérica para conquistar Portugal. El país sufre un vacío de poder, con el rey Carlos IV y la Familia Real exiliados en Bayona (Francia), obligados a abdicar en José Napoleón, hermano del emperador. La ciudad de Madrid asiste a la llegada de los soldados que toman la capital, realizan numerosas tropelías y someten a la población.

En la mañana del 2 de mayo de 1808, el pueblo de Madrid estalla en un levantamiento armado contra los franceses, con el que arranca la Guerra de la Independencia. En puntos clave de la ciudad, como el Palacio Real, la Puerta del Sol o la Puerta de Toledo, se producen graves y violentos disturbios. En el barrio de Malasaña el episodio más heroico tiene lugar en el Cuartel de Artillería de Monteleón. Situado en la plaza del Dos de Mayo, es defendido bravamente por militares y civiles. De aquella gesta, únicamente perdura el arco de ladrillo de entrada, que aloja, a modo de arco triunfal, la estatua de los héroes que capitanearon la defensa: José Daoiz y Pedro Velarde.

RUTA 3
Héroes y heroínas del Dos de Mayo

1 Placa de Junta Superior de Artillería
  (C/ San Bernardo, 48)
2 Arco de ladrillo (Pza. Dos de Mayo)
3 Placa de Manuela Malasaña (C/ San Andrés, 26)
4 Placa de Clara del Rey (C/ Velarde, 20)
5 Placa de Benita Pastrana (C/ San Andrés,16)
6 Placa héroes populares (C/ Dos de Mayo)
7 Recordamos teniente Jacinto Ruiz
  (restos obelisco Pza de la Lealtad)
8 Recordamos capitanes José Daoiz y Pedro Velarde
  (restos obelisco Pza de la Lealtad)
9 Placa de Clara del Rey (C/ Silva, 25)
10 Placa de Luis Daoiz (C/ Ternera, 6)

OTROS RECUERDOS DESTACADOS
Obelisco del 2 de Mayo (Pza. Lealtad)
Cementerio de la Florida
  (C/ Francisco y Jacinto Alcántara, 4)
Monumento Al Pueblo del Dos de Mayo de 1808
  (Pza. España, 14)
Escultura del Teniente Ruiz (Pza. del Rey)
Lápida del levantamiento
  (Puerta del Príncipe-Palacio Real)
Lápida del ataque
  (Real Casa de Correos-Puerta del Sol)
Placa recuerdo (Gta. Puerta de Toledo)
«Pulpitillo» (Arco Cuchilleros-Plaza Mayor)

```
0    100   200   300   400   500
                metros
```

SAN BERNARDO

Glorieta
Ruiz Jiménez

BILBAO

Glorieta
Bilbao

Carranza

Manuela

Malasaña

Ruiz

Andrés

Monteleón

Divino

San Bernardo

Pastor

Daoiz

Plaza
Dos de Mayo

Velarde

Pablo

Plazuela
Antonio Vega

La
Palma

Sta. Lucía

San

Vicente

La
Palma

San

TRIBUNAL

Fuencarral

oviciado

ICIADO

Espíritu

Ferrer

Corredera Alta de

Pozas

Tesoro

Plaza
Rastrillo

Santo

Minas

Marqués de Sta. Ana

Jesús del Valle

San Joaquín

eyes

San Bernardo

Cruz Verde

Andrés Barrego

Pizarro

Pez

Madera

Molina

El Escorial

San Pablo

Plaza
San Ildefonso

Colón

Plaza
Rafaela
Carra

La Luna

San Roque

Plaza
Carlos Carbonero

Corredera Baja de San Pablo

La Puebla

Estrella

Flor Alta

Libreros

Silva

Plaza Sta. M.ª
Soledad Torres Acosta

Ballesta

Barco

Valverde

Fuencarral

STO.
OMINGO

Gran

Tudescos

Desengaño

Vía

CALLAO

Gran Vía

GRAN VÍA

Jacometrezo

Plaza
del Callao

Preciados

Tenería

(Plaza de
la Lealtad)

1 Comenzamos esta ruta en el número 48 de la calle de San Bernardo. En el solar ocupado hoy día por un moderno hotel, una placa recuerda que aquí se encontraba la **Junta Superior de Artillería**. Desde aquí salió el capitán Pedro Velarde la mañana del 2 de mayo de 1808 para dirigirse al Parque de Artillería de Monteleón, en la plaza del Dos de Mayo, para iniciar la lucha contra las tropas francesas.

2 Caminamos calle de San Bernardo arriba cuatro manzanas hasta llegar a la calle de Daoiz. La tomamos a mano derecha para desembocar en la plaza del Dos de Mayo, punto neurálgico de los sucesos de 1808. En el centro se alza el arco de ladrillo, único resto que se conserva del antiguo **Parque de Artillería de Monteleón**.

En este lugar, los capitanes Luis Daoíz (1767-1808) y Pedro Velarde (1779-1808), junto con el teniente Jacinto Ruiz (1779-1809), estuvieron luchando durante tres horas. Sólo tuvieron el apoyo de sesenta soldados y cien vecinos voluntarios, entre ellos numerosas mujeres. Este grupo se enfrentó heroicamente en aquel lugar a dos mil franceses, contando únicamente con cuatro cañones.

Según cuenta el escritor Benito Pérez Galdós en sus Episodios nacionales, el capitán Luis Daoíz fue alcanzado por la espalda con una bayoneta y después fue acribillado a estocadas. Pedro Velarde falleció a causa de un disparo a quemarropa

en el corazón. Tras este hecho, el levantamiento se dio por finalizado.

El antiguo Parque de Artillería de Monteleón fue demolido en 1868, pero el ayuntamiento conservó la portada principal a modo de arco triunfal. Desde 1932 aloja la estatua de mármol de Daoíz y Velarde, esculpida en 1822 por Antonio Solá.

3 En el lado este de la plaza se encuentra la calle de San Andrés. En el número 26, una placa recuerda a **Manuela Malasaña** (1791-1808).

En este lugar estuvo la casa donde vivía la joven bordadora de 17 años, frente al Parque de Artillería. Manuela fue detenida esa misma mañana de 1808, acusada de llevar encima unas tijeras propias de su oficio. Tras el levantamiento, los franceses persiguieron con gran dureza la tenencia de armas blancas entre la población, por lo que fue apresada y fusilada esa noche.

4 Desde este lado este de la plaza se abre la calle de Velarde. Nos dirigimos al número 20, donde una placa municipal recuerda a **Clara del Rey** (1765-1808). Aquí estuvo la casa donde vivió esta mujer de 47 años.

La mañana del 2 de mayo convenció a su marido y a sus tres hijos —de 19, 17 y 15 aaños de edad— para sumarse a la defensa del Parque de Monteleón. Durante la cruenta batalla, estuvieron ayudando y dando ánimos a los artilleros. Cuando el teniente Jacinto Ruiz fue herido, ella se puso al frente del cañón con gran decisión y valentía. Vio morir a su marido y a un hijo durante el asedio, cayendo herida de muerte a consecuencia de la metralla de una bala de cañón.

Desde 2023, su busto de bronce se alza en la cercana plaza de las Comendadoras de Santiago, donado a Madrid por el Ayuntamiento de Villalón de Campos (Valladolid), localidad donde nació. Se cree que Clara del Rey es la figura femenina que aparece junto a un cañón en el lateral izquierdo del cuadro de Joaquín Sorolla *Dos de mayo* de 1808.

5 En el lado de la plaza que conforma la calle de San Andrés, encontramos en el número 16 una placa romboidal en memoria de **Benita Pastrana** (1791-1808), figura poco conocida de la jornada de 1808. Benita estuvo esa mañana defendiendo el cañón del teniente Jacinto Ruiz, llevándole la munición hasta que fue herida de muerte con tan solo diecisiete años de edad.

6 En la parte sur de la plaza del Dos de Mayo, en la fachada de la histórica iglesia de Nuestra Señora de las Maravillas, una placa conmemorativa instalada en 1908 recuerda a los héroes populares de aquella fecha.

7 Menos conocido que sus compañeros, recordamos al teniente **Jacinto Ruiz** (1779-1809). A pesar de estar aquejado aquel día de fiebre alta, se incorporó a su cuartel en Monteleón y se puso a las órdenes de los capitanes Daoiz y Velarde. Ruiz contuvo el ataque junto a un cañón durante las tres horas que duró el asedio. Sufrió una herida de bala en el brazo izquierdo, pero pudo detener la hemorragia y volvió a la lucha. Tras la caída de Daoiz y Velarde, recibió un tiro en la espalda y cayó al suelo entre los cadáveres.

Tras recibir una cura de urgencia de un médico, fue trasladado a su casa. Allí permaneció oculto hasta el 12 de junio, vcuando fue sacado de Madrid todavía con fiebre y con la herida sin cicatrizar. Llevado a Badajoz, recibió un gran reconocimiento popular, por lo que decidió incorporarse al Ejército de Extremadura. En 1809 falleció en Trujillo. Un siglo después, en 1909, se trasladaron sus restos hasta el obelisco del Dos de Mayo de la plaza de la Lealtad, rindiéndole honores militares.

8 Tras el fallecimiento de los capitanes José Daoiz y Pedro Velarde en el asedio al cuartel, sus cadáveres fueron trasladados y enterrados en secreto en la iglesia del convento de San Martín. Se quiso evitar que sus restos fueran profanados por los franceses.

Este cenobio, que estaba situado en la plaza de las Descalzas, fue demolido en tiempos de José Bonaparte.

Ocultos durante seis años, los restos de los capitanes y de otros caídos anónimos fueron recuperados en 1814. Después de realizar las honras fúnebres en el parque de Monteleón, fueron enterrados con honores en la Real Colegiata de San Isidro. Cuando se inauguró en 1840 el obelisco de la plaza de la Lealtad, fueron trasladados a este monumento memorial.

9 La **iglesia de la Buena Dicha**, situada en el número 25 de la calle de Silva, tiene una placa de mármol en su atrio que nos recuerda a Clara del Rey. Esta heroína fue enterrada en el cementerio del hospital para pobres de Nuestra Señora de la Concepción y Buena Dicha, situado entre la calle de Silva y la de Libreros. El hospital fue derribado a finales del siglo XIX. En su solar se construyó en 1914 la actual iglesia de la Buena Dicha.

10 **Calle de la Ternera, 5**. En esta bocacalle, que nace en el tramo alto de la calle de Preciados, hay una placa en memoria de **Luis Daoiz**. Aquí estuvo hasta 1997 la antigua casa del capitán Daoiz. La mañana del 2 de mayo este militar fue traído hasta aquí herido de muerte, encima de una escalera a modo de camilla.

Según los historiadores, en la jornada trágica del 2 de mayo de 1808 murieron unos dos mil vecinos de Madrid. De todos ellos, unas quinientas personas fueron fusiladas por los franceses en diversos puntos de la ciudad esa tarde y en la madrugada del 3 de mayo.

Otros recuerdos destacados en Madrid:

Obelisco del 2 de Mayo, en la plaza de la Lealtad. En esta plaza fueron fusilados la tarde del 2 de mayo de 1808 numerosos madrileños que habían participado en las revueltas, por lo que se la conoció desde entonces como Campo de la Lealtad. En 1822 se proyectó el monumento a los caídos, obra de Isidro González Velázquez, que no se inauguró hasta 1840. Desde 1985, este monumento rinde honor a todos los que dieron su vida por España con una llama perenne.

Cementerio de la Florida. Se encuentra en la calle de Francisco y Jacinto Alcántara, 4, frente a la Rosaleda del parque del Oeste. En la cripta de la capilla están enterrados 43 madrileños fusilados la madrugada del 3 de mayo de 1808 en la montaña del Príncipe Pío. Este hecho está plasmado en el famoso cuadro de Francisco de Goya que conserva el Museo del Prado.

Monumento Al Pueblo del Dos de Mayo de 1808, obra de 1908 de Aniceto Marinas. Este grupo escultórico, poco conocido por los madrileños, se encuentra en los jardines de la calle de Ferraz, junto a la iglesia de Santa Teresa y San José. Realizado en bronce, representa a Luis Daoiz herido y apoyado en un cañón. Sobre este, una mujer alada simboliza la Gloria. Hay un niño que sostiene la mano de Manuela Malasaña muerta, junto al cadáver de su padre, Juan Malasaña.

Escultura del Teniente Ruiz en la plaza del Rey. Esculpida por Mariano Benlliure, fue inaugurada en 1891.

Lápida de mármol en la Puerta del Príncipe del Palacio Real. Desde este lugar estalló la mañana del 2 de mayo de 1808 el levantamiento popular de los vecinos de Madrid contra los invasores franceses, cuando vieron que salían hacia Francia los últimos miembros que quedaban en Madrid de la familia real.

Puerta del Sol. Aquí se produjo un ataque de enfurecidos madrileños contra los mamelucos, tropas mercenarias egipcias al servicio de Napoleón, plasmado por Goya en su famoso cuadro del Museo del Prado. Estos exóticos soldados de vestimenta oriental sufrieron el violento ataque de un grupo de madrileños, armados con cuchillos y objetos punzantes. Tras una encarnizada lucha, lograron derribarlos de sus caballos y matarlos. Una lápida en la fachada de la Real Casa de Correos lo recuerda.

«Pulpitillo». Pequeño balcón con barandilla situado dentro de la escalinata del Arco de Cuchilleros, en la plaza Mayor. Desde allí, un fraile del desaparecido convento de San Gil arengó a los madrileños en la mañana del 2 de mayo a rebelarse contra los franceses.

RUTA 4

San Bernardo, una calle llena de historia

Duración estimada 60 minutos

El tramo de la calle San Bernardo, entre la Gran Vía y la glorieta de Ruíz Giménez, es una excepcional vía que atesora en poco espacio un riquísimo y variado patrimonio de palacios, iglesias, institutos, bibliotecas, establecimientos tradicionales, edificios históricos y personalidades célebres, sin comparación con otras vías madrileñas.

Fue una importante vía desde el siglo XVI, durante el reinado de Felipe II, al ser un camino de salida de Madrid por el norte. Su nombre proviene del hospital de convalecientes y el convento de San Bernardo que hubo en esta calle, desaparecidos tras la Ley de Desamortización de 1836. En el siglo XVII fue llamada calle Ancha de San Bernardo por su amplitud, siendo una de las más populosas de la capital y el lugar donde la nobleza construyó sus palacios y casas de campo.

Con la instalación en 1843 de la Universidad Central, esta zona y sus alrededores se llenaron de vida estudiantil. Por aquí abundaron las librerías, los talleres de imprenta, las pensiones, las casas de comidas, tabernas y cafés. El barrio vivió también innumerables algaradas callejeras, con barricadas, disturbios y enfrentamientos entre la policía y los estudiantes durante el convulso siglo XIX. Tras el traslado, en los años cuarenta del siglo XX, de estas aulas a las nuevas facultades de la Ciudad Universitaria, el barrio entró en decadencia.

Te invito a pasear por ella y descubrir todos sus tesoros.

RUTA 4
San Bernardo, una calle llena de historia

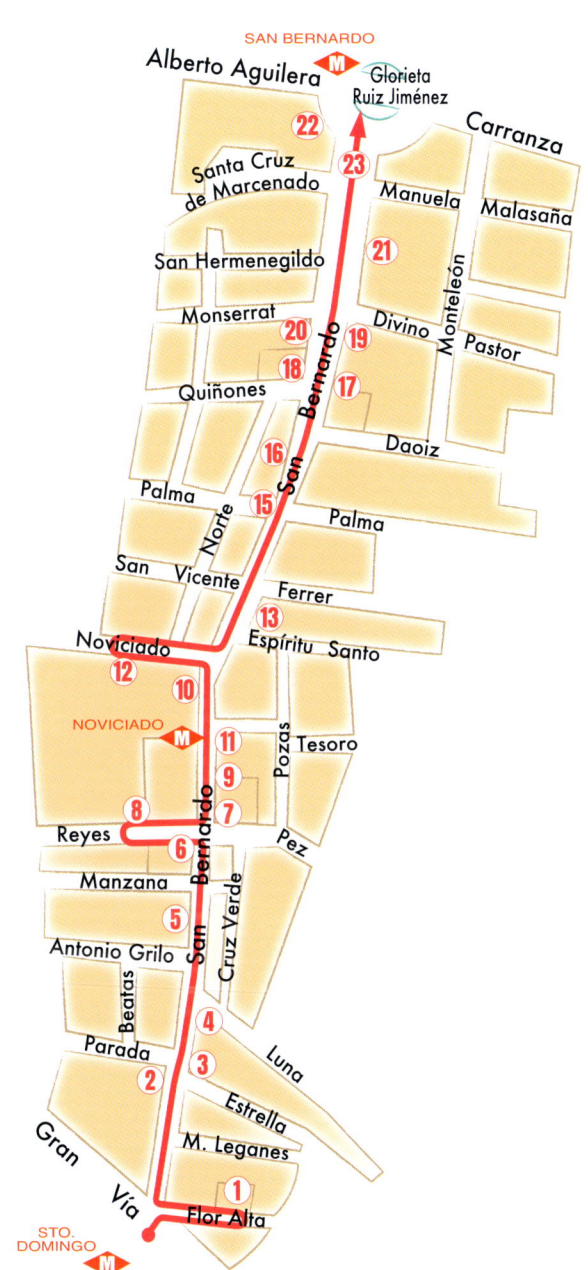

1 Accedemos a la calle San Bernardo a la altura del número 56 de la Gran Vía. Desde allí podemos admirar en la bocacalle de la derecha, llamada Flor Alta, el antiguo **Palacio del conde de Altamira** o del marqués de Leganés. Fue proyectado por Ventura Rodríguez con la idea de ocupar una manzana completa. La leyenda cuenta que el rey Carlos IV llegó a temer que este edificio superara en magnificencia al Palacio Real, por lo que empezó a ponerle trabas y las obras se interrumpieron misteriosamente en 1775.

Sólo se completó la fachada que mira a esta calle. Abandonado durante una larga época, fue restaurado hace pocos años para alojar el Instituto Italiano de Diseño.

2 Comenzamos a caminar por la acera de los números pares. En la acera de enfrente, en el número 21, nos encontramos con el **Palacio del Conde de Agreda** (1846), de estilo neoclásico. En este solar estuvo el antiguo hospital y convento de San Bernardo,

que dio nombre a la calle, fundado en 1596 por Alonso Peralta, contador del rey Felipe II. Este palacio forma parte hoy día de las dependencias del Ministerio de la Presidencia, Justicia y Relaciones con las Cortes.

3 En el número 20 de esta calle, esquina con la calle de la Estrella, una placa recuerda que aquí estuvo el **palacio de don Rodrigo Calderón**, marqués de Siete Iglesias. Fue ministro en el gobierno del duque de Lerma, valido del rey Felipe III. Caído en desgracia, fue acusado de graves delitos de corrupción y de la presunta muerte de la reina Margarita de Austria, por lo que fue condenado a muerte. Don Rodrigo fue llevado el 21 de octubre de 1621 al cadalso instalado en la plaza Mayor para ser decapitado. Fue tal su entereza y apostura al subir al entarimado para morir, que desde entonces se acuñó la frase: «Tiene más orgullo que don Rodrigo en la horca».

4 Seguimos andando unos pasos adelante y cruzamos la calle de la Luna. Frente a nosotros vemos un clásico bloque de viviendas en el número 35 con una placa romboidal. Nos indica que allí vivió en-

tre 1890 y 1915 la escritora **Emilia Pardo Bazán**. Aquella casa se convirtió en la época en un animado centro de reunión de intelectuales y amigos en tertulias literarias, organizadas por esta condesa, autora de *Los Pazos de Ulloa*.

5 Unos pasos más adelante, merece la pena cruzar la calle e ir al número 39 para entrar a comprar paracetamol en la **Farmacia Deleuze**. Considerada como la botica más bella de Madrid, su origen se remonta a 1780. Conserva seis hornacinas realizadas en madera y pan de oro, que contienen tarros y botamen de la Real Fábrica de porcelana del Buen

Retiro, iluminadas por una gran lámpara central. Su rebotica, decorada con estanterías de estilo neogótico y arabesco, está presidida por un busto de Galeno y un jarrón de porcelana con la imagen de Hipócrates, padres de la medicina clásica. Por sus tertulias de la rebotica han pasado escritores como Espronceda y Ventura de la Vega; médicos como Méndez Álvaro y Federico Rubio; y políticos como Emilio Castelar, Cristino Martos o Francisco Pi y Margall.

6 Regresamos a la acera de los pares para admirar desde aquí el antiguo **Palacio de la Marquesa de la Sonora**, en el número 45 de esta calle. El origen del palacio se remonta a finales del siglo XVIII. En 1947 fue re-

formado por Javier Barroso, que le añadió las torres y le dio un aire neoherreriano, de moda en la época. Desde 1851 y hasta la actualidad es sede del Ministerio de Justicia.

7 Al llegar al cruce de la calle del Pez, vemos apoyada en la fachada del Palacio Bauer la escultura *Tras Julia*. Se encuentra en el número 42 de la calle del Pez, casi esquina con San Bernardo. En la placa se indica que es un homenaje a la antigua Universidad Central de Madrid. La escultura quiere recordar a Julia, una mujer que acudía en el siglo XIX ves-

tida de hombre a las clases de la Universidad, ya que estaba prohibido el acceso a las mujeres. Fue creada en 2003 por el escultor Antonio Santín Benito.

8 Desde esta esquina vemos en la acera de enfrente, en el número 4 de la calle de los Reyes, el **Instituto del Cardenal Cisneros**. Es uno de los institutos históricos de Madrid, creado en 1845. En 1888 se construyó el gran edificio actual, obra de Francisco Jareño, con una soberbia escalera imperial de mármol a dos alturas, considerada como una «ascensión al conocimiento». Conserva además antiguas aulas, laboratorios y gabinetes de ciencias, colecciones históricas de enseñanza y biblioteca.

9 En el número 44 de esta calle se alza el antiguo Palacio de Bauer, construido a mediados del siglo XVIII para residencia de los marqueses de Guadalcázar. A mediados del siglo XIX fue adquirido por la familia Bauer. Estos banqueros judíos, que representaban a la Banca Rothschild en España, encargaron su restauración al arquitecto Arturo Mélida. En 1940 alojó el Real Conservatorio de Música y Declamación. El antiguo salón de baile del palacio fue transformado en salón de música y teatro, donde se organizaron grandes conciertos de cámara. Desde 1952 y hasta el día de hoy aloja la Escuela Superior de Canto.

10 Frente a este edificio, vemos en el número 49 el caserón que alojó a la antigua **Universidad Central de Madrid**, entre 1843 y los años cuarenta del siglo XX. El centro docente se instaló aquí con los bienes procedentes de la antigua universidad de Alcalá de Henares, fundada en 1508 por el cardenal Cisneros. Desde la Ley de Instrucción Pública del ministro Moyano en 1857, fue el único centro en España que expedía el título de doctor, situación que duró hasta 1954.

A comienzos de los años treinta se proyectó la Ciudad Universitaria en los terrenos de Moncloa y se empezaron a construir las nuevas facultades, que fueron destruidas más tarde al encontrarse en el frente de la Guerra Civil. En los años cuarenta se irán reconstruyendo los edificios y trasladando allí las aulas, quedando vacío de estudiantes este caserón. Hoy día aloja la Escuela de Relaciones Laborales, el Instituto de España, que agrupa a todas las Reales Academias del país, y el Paraninfo histórico de la Universidad Complutense.

El Paraninfo es obra del arquitecto Narciso Pascual y Colomer (1852). En 1923 recibió la visita del Nobel Albert Einstein, que fue nombrado doctor Honoris Causa. Esta sala albergó la Asamblea Legislativa de la Comunidad de Madrid desde su creación en 1983 hasta el traslado en 1998 a su nueva sede en el barrio de Vallecas. Hoy día se sigue utilizando para actos académicos y representativos solemnes.

11 Seguimos caminando por esta calle hasta llegar al número 48. Una placa en la fachada del **Hotel Akeah** nos cuenta que aquí se alzaba la Junta Superior Facultativa del Cuerpo de Artillería. En este lugar se encontraba el despacho del capitán Pedro Velarde. Desde aquí se dirigió al cuartel de Monteleón, en la actual plaza del Dos de Mayo, para luchar contra los franceses. También estuvo aquí desde 1959 la Librería Fuentetaja, un lugar de referencia de la cultura madrileña. Especializada en libros de Sociología, Política y Economía, fue un lugar de peregrinación para todo aquel que buscaba libros prohibidos por la censura. El viejo edificio del siglo XVIII fue demolido en 2015 para dar paso a un vanguardista hotel.

12 Unos pasos más adelante, tras cruzar la Travesía de las Pozas, aparece en la acera de enfrente la calle Noviciado. En su número 3 se encuentra la **Biblioteca Histórica Marqués de Valdecilla**. Abierta en este edificio en 1928, centralizó todos los fondos antiguos que poseían todas las facultades de la Universidad Complutense. Es la segunda más importante de Madrid en volúmenes históricos, tras la Biblioteca Nacional. Posee una colección de 6.000 manuscritos, 740 incunables y unos cien mil impresos de los siglos XVI a XVIII, además de una colección de grabados y libros de estampas.

13 Seguimos por la calle San Bernardo arriba, hasta encontrarnos en el número 62 con el elegante **Palacio de Parcent**, edificado en 1730. De las varias familias nobiliarias que han residido en él, destacaron los marqueses de Guadalcázar. La marquesa doña María Isidra de Guzmán de la Cerda, persona cultísima y muy instruida, fue la primera mujer que accedió en 1784 a la Real Academia Española de la Lengua. El duque de Parcent le dio nombre a esta residencia, que ha tenido a lo largo de su historia una gran vida cultural. Allí se dieron veladas musicales, tertulias intelectuales, exposiciones artísticas y grandes fiestas de la aristocracia.

En la parte posterior tiene un jardín cerrado con un interesante invernadero de plantas de hierro y cristal, único en Madrid. Hoy día pertenece al Ministerio de Justicia, que lo utiliza para actos de representación o protocolarios, por lo que su visita está muy restringida.

14 Seguimos unos pasos adelante para fijarnos en el caserón de la acera de enfrente, en el número 63. Se trata de la antigua **casa-palacio de don Antonio Barradas**, un alto funcionario de la Corte. Hoy día se encuentra rehabilitado y dedicado a apartamentos para universitarios. Fue construida en 1799 por Silvestre Pérez, arquitecto neoclásico que intervino en la construcción del Teatro Real.

15

Unos metros más adelante, en la esquina de la calle San Bernardo con la calle de la Palma, una placa nos recuerda a **Juan Domingo Olivieri**. Este escultor de cámara de Felipe V, Fernando VI y Carlos III vivió y murió en este lugar. Esculpió en piedra caliza varias figuras de los reyes de España que estuvieron situadas sobre la balaustrada del Palacio Real de Madrid.

16

Frente al Parque de Bomberos de esta calle contemplamos, en el número 67, una interesantísima **casa de vecinos de 1925**, construida por José Antonio Agreda. Es un fiel exponente de la arquitectura regionalista de moda en la época. Conserva impresionantes labores de rejería artística y un portal completamente forrado de cerámica de Talavera, obra de Juan Ruíz de Luna, con escenas de *El Quijote*.

17

El edificio fue construido a comienzos del s. XVIII como palacio. Fue habitado a lo largo del tiempo por el marqués de Castromonte, el conde de Colomera, los condes de Celanova, el duque de Abrantes y el duque de Montemar. Hoy día se encuentra muy reformado. En tiempos de Fernando VII fue cedido a las monjas de Santa Clara. En 1839 se abrió aquí la Escuela Central Normal de Maestros, uno de cuyos directores fue el poeta y dramaturgo romántico Juan Eugenio Hartzenbusch. En 1882 se instaló el Museo Pedagógico, dirigido por Bartolomé Cossío. Finalmente, en 1933 se convirtió en Instituto Lope de Vega.

18 Frente a este instituto, en el número 75 de la calle, vemos la tienda de **Calzados Asensio**. Este establecimiento tradicional, especializado en calzado ortopédico, fue abierto en 1915.

19 Continuando por la acera de los pares, llegamos en el número 72 al **Monasterio de la Visitación de Santa María** o de las **Salesas Nuevas**. Fue construido en 1801 en estilo neoclásico por Manuel Bradi. En el relieve de la portada vemos a los fundadores, san

Francisco de Sales y santa Juana Francisca Fremiot. Tiene una bella iglesia de una sola nave, con una cuidada decoración que suele estar abierta al público.

20 Frente a las Salesas, en el número 79, se alza la **Iglesia de Nuestra Señora de Montserrat** y el monasterio de monjes benedictinos. Fue fundada en 1642 por el rey Felipe IV para acoger a los monjes castellanos , que habían huido en 1640 del monasterio catalán tras la sublevación de Cataluña. A partir de 1720, el arquitecto Pedro de Ribera retomó las obras y construyó la torre, con una decoración única en Madrid. En las misas se puede escuchar el canto gregoriano de los monjes.

21 Calle arriba, en el número 82, nos encontramos con un edificio rehabilitado para viviendas. Conserva en lo alto de su fachada el cartel comercial que tuvo como sede la "Compañía General de Impresores y Libreros del Reino".

22 Seguimos subiendo la calle para observar, en la acera de enfrente, el **Edificio Princesa**. Está formado por dos bloques: uno a la altura de la calle Santa Cruz de Marcenado y otro que ocupa esta calle, el chaflán de la glorieta de Ruíz Giménez, la calle Alberto Aguilera y la calle Acuerdo. En esta zona alejada de la villa estuvo, desde muy antiguo, el Quemadero de la Inquisición, donde los condenados morían en la hoguera. Cuando se urbanizó la actual calle Carranza, se descubrió en el suelo una capa de betún grasiento, procedente de los cuerpos carbonizados acumulados durante años.

El edificio lleva ese nombre por el desaparecido hospital de la Princesa, que funcionó en este lugar entre 1857 y 1955. Se llamó así en honor de Isabel de Borbón, la popular "Chata", princesa de Asturias, hija de Isabel II. Este moderno edificio que podemos ver fue construido en 1975 por Fernando Higueras y Antonio Miró en hormigón visto, siguiendo el estilo «brutalista». Destaca por sus plantas colgantes y enredaderas. Fue un «edificio-jardín», pionero en su época de la arquitectura ecológica, con abundante vegetación para aislar del ruido urbano, aljibes en la azotea para recoger el agua de lluvia y regar los jardines, y un gran alero para dar sombra a la fachada.

23 Finalizamos la ruta observando el poco conocido monolito de piedra en el cruce de esta calle con la glorieta de Ruíz Giménez. Fue instalado en 2008 para conmemorar el 150.º aniversario de la traída de las aguas del río Lozoya a Madrid, gracias a la gran obra del Canal de Isabel II. Esta gran obra de ingeniería, promovida por Juan Bravo Murillo, fue inaugurada el 24 de junio de 1858 con una gran fuente junto a la iglesia de Montserrat.

Se conmemoraba así la llegada de las aguas del río Lozoya a Madrid, presumiendo de la gran presión que traía el canal, con un elevadísimo chorro de 30 metros de altura. Ese día se le dijo, con ironía, a la reina Isabel II: «Señora, hemos tenido la suerte de ver a un río ponerse de pie». La construcción del Canal de Isabel II supuso la llegada del agua corriente a un Madrid en crecimiento, que, desde la época medieval, se había surtido de este preciado líquido en fuentes, pozos y «viajes» de agua.

RUTA 5

Bares, tabernas y restaurantes

Esta es una selección de renombrados e históricos rincones del barrio, en los que podemos disfrutar del tapeo, de la gastronomía tradicional o de una copa en un ambiente único.

RUTA 5

Bares, tabernas y restaurantes

Tapas y cañas
1 Bodega La Ardosa (C/ Colón, 13)
2 Casa Julio (C/ Madera, 37)
3 Casa Camacho (C/ San Andrés, 4)

Comer
4 Café Comercial
   (Gta. de Bilbao, 7)
5 Casa Fidel (C/ Escorial, 6)
6 Casa Macareno
   (C/ San Vicente Ferrer, 44)

Tranquila tertulia
7 Café Manuela
   (C/ San Vicente Ferrer, 29)
8 Café de Ruiz (C/ Ruiz, 11)
9 J. & J. Books and Coffee
   (C/ Espíritu Santo, 47)

Tomar un cóctel
10 Corazón (C/ Valverde, 44)
11 Cubanismo (C/ La Palma, 44)
12 1862 Dry Bar (C/ Pez, 27)

Buena música
13 Madrid me mata
   (Corredera Alta de San Pablo, 31)
14 El Penta (C/ Palma, 4)
15 Tupperware (Corredera Alta de San Pablo, 26)

Monólogo
16 La Chocita del Loro (Gran Vía, 70)
17 Estación Malasaña, (C/ Pez, 16)
18 El Golfo Comedy Club (C/ Ballesta, 12)

Terraza «de altura
19 Hotel Akeah (C/ San Bernardo, 48)
20 Hotel Dear Madrid (Gran Vía, 80)
21 Hotel Innside Meliá Gran Vía (Gran Vía, 34)
22 Hotel Riu Plaza de España (Gran Vía, 84)
23 Hotel Vincci 66 (Gran Vía, 66)

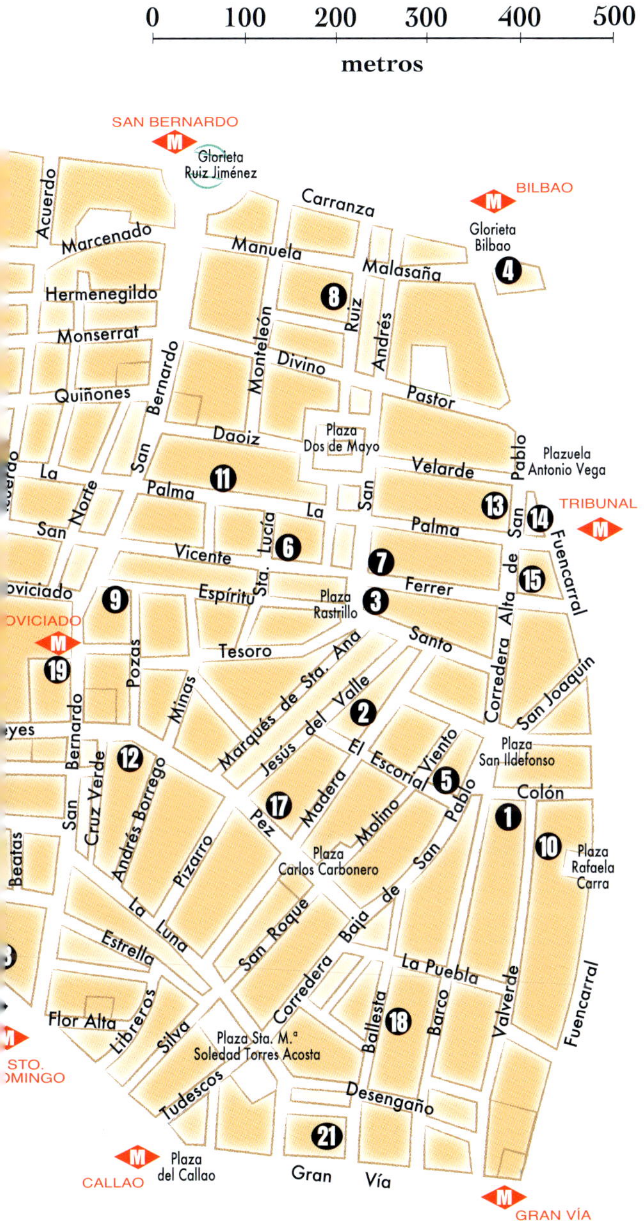

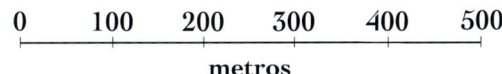

SAN BERNARDO
M

Glorieta
Ruiz Jiménez

BILBAO
M

Glorieta
Bilbao

Acuerdo

Marcenado

Hermenegildo

Monserrat

Quiñones

Manuela

Carranza

Malasaña

Ruiz

Andrés

Pastor

8

4

San Bernardo

Monteleón

Divino

La Palma

San Norte

Daoiz

Plaza
Dos de Mayo

Velarde

Plazuela
Antonio Vega

San Pablo

TRIBUNAL
M

11

La

13

14

La

San

Palma

San

Vicente

Sta. Lucía

6

7

Ferrer

Corredera Alta de San Pablo

Fuencarral

15

oviciado

Espíritu

Plaza
Rastrillo

3

Santo

9

OVICIADO
M

19

Pozas

Tesoro

San Bernardo

Cruz Verde

Minas

Marqués de Sta. Ana

Jesús del Valle

Andrés Borrego

12

Pizarro

Pez

17

Madera

El Escorial

Viento

Molino

Plaza
San Ildefonso

San Joaquín

2

5

Colón

1

10

Plaza
Rafaela
Carra

eyes

San

Beatas

La Luna

Estrella

Plaza
Carlos Carbonero

San Roque

Bajía de San Pablo

La Puebla

Valverde

Fuencarral

Flor Alta

Libreros

Silva

Corredera

Ballesta

18

Barco

Plaza Sta. M.ª
Soledad Torres Acosta

Tudescos

Desengaño

STO.
DOMINGO
M

CALLAO
M

Plaza
del Callao

21

Gran   Vía

GRAN VÍA
M

Ir de cañas por el barrio

Bodega La Ardosa, fundada en 1892. Especializada en tortillas y cervezas internacionales. C/ Colón, 13.

Casa Julio. Famosa por sus croquetas. El bar del grupo irlandés «U2». C/ Madera, 37.

Casa Camacho, fundada en 1926. C/ San Andrés, 4.

Comer en un ambiente histórico

Café Comercial. Abierto en 1887, fue un famoso café-tertulia y hoy día es un bar-restaurante. Glorieta de Bilbao, 7.

Casa Fidel. Un clásico abierto en los años 40 especializado en comida casera. C/ Escorial, 6.

Casa Macareno. Fundada en 1920 como bodega. C/ San Vicente Ferrer, 44.

Disfrutar de un buen café y una tranquila tertulia

Café Manuela. Abierto en 1979. C/ San Vicente Ferrer, 29.

J. & J. Books and Coffee. Librería de segunda mano y cafetería. C/ Espíritu Santo, 47.

Café de Ruiz. Abierto en 1977. C/ Ruiz, 11.

Tomar un cóctel en buena compañía

Corazón. Coctelería. C/ Valverde, 44.

Cubanismo. Espacio Paracaidista de Malasaña. Cócteles tropicales. C/ La Palma, 44.

1862 Dry Bar. Coctelería clásica. C/ Pez, 27.

Tomar una copa y escuchar buena música

Madrid me mata. Bar-museo de la Movida. C/ Corredera Alta de San Pablo, 31.

Tupperware. C/ Corredera Alta de San Pablo, 26.

El Penta. C/ Palma, 4, c/v Corredera Alta de San Pablo.

Echar unas risas escuchando un monólogo:

La Chocita del Loro. Teatro especializado en monólogos. Gran Vía, 70.

Estación Malasaña. Bar-lounge con programación de monologuistas. C/ Pez, 16.

El Golfo Comedy Club. Ballesta Club. C/ Ballesta, 12.

Ir a una terraza «de altura»

Hotel Akeah. C/ San Bernardo, 48.

Hotel Dear Madrid. Gran Vía, 80.

Hotel Innside Meliá Gran Vía. Gran Vía, 34.

Hotel Riu Plaza de España. Vistas de 360º y pasarela de cristal. Gran Vía, 84.

Hotel Vincci 66. Gran Vía, 66.

NOTA: Esta relación de establecimientos es meramente informativa.

INFORMACIÓN PRÁCTICA

Metro:

Las paradas más cercanas son: Argüelles (L-3/L-6), Noviciado (L-2), Plaza de España (L-2 / L-3 / L-10), San Bernardo (L-2 / L-4), Santo Domingo (L-2), Tribunal (L-1 / L-10), Ventura Rodríguez (L-3)

Autobuses de la EMT

1, 2, 3, 23, 25, 39, 44, 46, 74, 75, 133, 146, 147, 148, 001, 002, C1, C2, N-16, N-18, N-19, N-20 y N-21.

Renfe

Estaciones de Cercanías: Sol – Líneas C-3 y C-4. Tiene un pasillo de acceso a la estación de metro de Gran Vía.

Información turística

Punto de Información Turística Plaza de Callao. Abierto de lunes a domingo, de 09:00 a 20:00 h.

Atención primaria

Centro de Salud Palma. C/ Norte, 19.

Centro de Salud Universidad. C/ Palma, 51.

Oficina de Correos

C/ Pizarro, 17.

Comisaría de Policía Nacional

Comisaría. C/ Luna, 17.

Comisaría Integral del distrito Centro de la Policía Municipal. Plaza Santa María Soledad Torres Acosta, 2.

Servicio de Atención al Turista Extranjero (SATE). C/ Leganitos, 19.

Alquiler de bicicletas municipales BiciMad

(estaciones)

C/ Barceló – Metro Tribunal.

C/ Conde Duque, 13.

C/ Desengaño, esquina con C/ Valverde.

C/ Manuela Malasaña, 4.

C/ Norte, 15.

C/ Reyes – Metro Plaza de España.

C/ San Bernardo, 16 y 87.

C/ Santa Cruz de Marcenado, 57.

Pza. Callao, junto a Metro Callao.

Pza. Carlos Cambronero.

Pza. Dos de Mayo.

Pza. San Ildefonso.

Edificios representativos:

Antiguo Banco Hispano de la Edificación. Construido en 1944 por Casto Fernández Shaw, en su azotea destaca la escultura de «el Coloso» del artista Victorio Macho.

Gran Vía, 60.

Antigua fábrica de cerveza Mahou. Edificio neomudéjar de 1891 de Francisco Andrés Octavio y José López Sallaberry. Actual Museo ABC y Centro Cultural Clara del Rey. C/ Amaniel, 29-31.

Antigua fábrica de hielo La Industrial (1928). Actualmente son viviendas. C/ San Andrés, 8.

Antigua sede de la Real Fábrica de Cera. Edificio fundado en 1788 por Carlos III. C/ Palma, 10.

Antiguo palacio del Conde de Cheste. C/ Pizarro, 19.

Antiguo palacio del Conde de Escalona y de Bornos (1862). C/ Pez, 12.

Antiguo palacio de El Correo Español. Construido en 1912. Fue sede de los periódicos El Correo Español, Nuevo Heraldo y Hoy. Hoy día es el Hostal Pizarro. C/ Pizarro, 14.

Antiguo palacio del Duque de Baena de 1860. Viviendas privadas. C/ Pez, 38-40.

Antiguo palacio del Marqués del Llano, construido en 1779 por Juan de Villanueva. Aquí vivió el infante don Francisco de Paula, hermano de Fernando VII, y su esposa, la infanta Luisa Carlota. C/ Luna, 32.

Antiguo palacio de Talara. Construido en el s. XVIII. C/ Luna, 15.

Antiguo «Pasaje de la Mutualidad», edificio que tuvo un pasaje comercial cubierto, construido en 1955 por Manuel Muñoz Monasterio y Manuel Manzano Monís. C/ Fuencarral, 77.

Casas de corredor del Duque de Alba. Construidas en hormigón en 1923. C/ Las Negras, 4 y C/ Manuel.

Casa con dibujos de Antonio Mingote. C/ Duque de Osuna, 8, c/v a plaza Cristino Martos.

Casa «genital». Edificio con fachada decorada con relieves de órganos sexuales, construido en 1912. C/ Montserrat, 12.

Casa del Ratoncito Pérez. Situada dentro de una caja metálica de un antiguo registro de gas en la fachada de la finca. C/ San Vicente Ferrer, 48.

Casa Valcárcel. Edificio neomudéjar de estilo cantábrico construido hacia 1884. C/ Barco, 21.

Colegio Público Pi y Margall. Abrió en 1885 como Escuela Modelo. Plaza Dos de Mayo, 2.

Cuartel del Conde Duque. Obra de Pedro de Ribera de 1730. C/ Conde Duque, 9-11.

Edificio del s. XVII donde vivió entre 1797 y 1803 el compositor italiano Luigi Boccherini. C/ Madera, 26.

Edificio Coliseum. Construido en 1932 por Casto Fernández Shaw y Pedro Muguruza al más puro estilo de los rascacielos neoyorquinos. Gran Vía, 78.

Edificio de la «Cruz de Malta», construido en el siglo XVII. Corredera Baja de San Pablo, 20.

Edificio España. Rascacielos obra de 1953 de Joaquín y Julián Otamendi. Gran Vía, 86-88.

Edificio Gran Vía, 52. Edificado en 1931 por Luis Díaz de Tolosa, es un fiel exponente del estilo Art Decó con influencias egipcias.

Edificio Montano. Antigua fábrica de pianos Montano, construida en 1890. Conserva un salón de música decorado por los pintores Daniel y Germán Zuloaga. C/ San Bernardino, 3.

Edificio Primark. Antiguo edificio Madrid-París, construido en 1924 por Teodoro Anasagasti. Gran Vía, 32.

Edificio Princesa. Obra de estilo brutalista de Fernando Higueras y Antonio Miró de 1975. C/ Alberto Aguilera, 1 y C/ Santa Cruz de Marcenado.

Edificio Telefónica. Rascacielos construido en 1930 por Ignacio de Cárdenas. Gran Vía, 28.

Escuela de Guerra y Liderazgo del Ejército. Edificio neomudéjar de 1920. C/ Santa Cruz de Marcenado, 25.

Farmacia Deleuze. Farmacia-museo de 1780. Estilo rococó con rebotica neogótica. C/ San Bernardo, 39.

Gasolinera Gesa o de Petróleos Porto Pí. Obra de 1927 de Casto Fernández Shaw. C/ Alberto Aguilera, 18.

Hostal Goyal Pizarro. C/ Pizarro, 14.

Hotel Innside Madrid Gran Vía. Obra de 1923 representativa del estilo del gran arquitecto Antonio Palacios. Gran Vía, 34.

Instituto Cardenal Cisneros. Instituto histórico fundado en 1845. Edificio de 1888 de Francisco Jareño. C/ Reyes, 4.

Instituto Católico de Artes e Industrias (ICAI). Universidad Pontificia de Comillas. Edificio de Enrique Fort (1908) y ampliación de Antonio Palacios (1914). C/ Alberto Aguilera, 23-25.

Instituto de España. Antigua Universidad Central de Madrid. C/ San Bernardo, 47-49.

Instituto Lope de Vega. Fundado en 1839 como Escuela Central de Maestros y transformado en 1933 en Instituto. C/ San Bernardo, 70.

Ministerio de Justicia. Antiguo palacio de la Marquesa de la Sonora. C/ San Bernardo, 45.

Monolito en conmemoración de la inauguración del Canal de Isabel II en 1858. C/ San Bernardo, esquina a glorieta Ruiz Giménez.

Palacio de Altamira. Construido en 1774 por Ventura Rodríguez. C/ Flor Alta, 8.

Palacio Bauer. Edificio del siglo XVIII que aloja a la Escuela Superior de Canto. C/ San Bernardo.

Palacio de Bornos o del Conde de Murillo. Residencia nobiliaria privada del s. XVIII. C/ Jesús del Valle, 10.

Palacio del Conde de Agreda. Obra de 1846. C/ San Bernardo, 21.

Palacio de Liria. Construido en 1785 y reconstruido en 1956. C/ Princesa, 18-20.

Palacio de Parcent. S. XVIII. Pertenece al Ministerio de

Justicia. C/ San Bernardo, 82.

Palacio de la Prensa. Construido en 1928 por Pedro Muguruza. Gran Vía, 46.

Palacio del marqués de Santa Cruz. Archivo y museo. C/ San Bernardino, 14.

Paraninfo histórico de la Universidad Complutense. Espacio de actos protocolarios y de representación, realizado por Narciso Pascual y Colomer. C/ San Bernardo, 49.

Real Academia de Ciencias Exactas, Físicas y Naturales. Construida en 1794 por Juan Antonio Cuervo para sede de la Real Academia de la Lengua, que lo habitó hasta 1894. C/ Valverde, 22-24.

Templete de la estación de Metro de Gran Vía. El acceso original, obra de Antonio Palacios, estuvo en funcionamiento entre 1920 y 1970. El actual es una réplica instalada en 2021. Plaza de la Red de San Luis.

Torre de Madrid. Fue el rascacielos más alto de Europa en 1960, obra de Julián Otamendi. Plaza de España, 18.

Tribunal de Cuentas del Reino. Obra de 1865 de Francisco Jareño en estilo neogriego. C/ Fuencarral, 81.

Iglesias y edificios religiosos:

Antiguo humilladero de Nuestra Señora de la Soledad. 1712. C/ Fuencarral, 44 c/v C/ Augusto Figueroa.

Iglesia del Convento de monjas benedictinas de San Plácido. Construida en 1641 por fray Lorenzo de San Nicolás. C/ San Roque, 9.

Iglesia del Convento de las Comendadoras de Santiago, construida en 1697. Plaza de las Comendadoras, 12.

Iglesia y Convento de Madres Mercedarias de Don Juan de Alarcón, construida en 1656. C/ Puebla, 1.

Iglesia del Convento de Salesas Nuevas. Edificada en 1801. C/ San Bernardo, 72.

Iglesia de la Inmaculada y San Pedro Claver. Universidad Pontificia de Comillas. Edificio neomudéjar construido en 1905 por Enrique Fort. C/ Santa Cruz de Marcenado, 24.

Iglesia Evangélica Española El Salvador. Edificio neomudéjar de 1913. C/ Noviciado, 5.

Nuestra Señora de la Buena Dicha. Estilos neomudéjar y neonazarí. C/ Silva, 21.

Nuestra Señora de las Maravillas. Fundada en 1647. C/ Dos de Mayo, 11.

Nuestra Señora de Montserrat. Obra de Herrera Barnuevo y Pedro de Ribera (1733). C/ San Bernardo, 79.

San Antonio de los Alemanes, la «Capilla Sixtina» de Madrid. Construida en 1630 por Juan Gómez de Mora. Está totalmente decorada en su interior con pinturas murales de Carreño, Ricci y Lucas Jordán. C/ Puebla, 22.

San Ildefonso. Iglesia del s. XVII, reconstruida en 1952. Plaza de San Ildefonso, 8.

San Marcos. Edificada en 1753 por Ventura Rodríguez. C/ San Leonardo, 10.

San Martín de Tours. Edificada en el s. XVII. C/ Desengaño, 26.

Santiago el Mayor y Nuestra Señora de las Cruces. C/ Santa Cruz de Marcenado, 11.

Museos y galerías de arte:

Archivo de Villa. Guarda documentos relacionados con Madrid desde el año 1152. C/ Conde Duque, 11.

La Causa, galería de arte. C/ Jesús del Valle, 27.

Espacio Fundación Telefónica. Museo de telecomunicaciones, talleres, sala de exposiciones y espacio cultural. C/ Fuencarral, 3.

Espacio Valverde. Galería multidisciplinar. C/ Valverde, 30.

La Fiambrera Art Gallery. Galería de arte. C/ Pez, 30.

Galería Blanca Berlín. Espacio de arte. C/ Limón, 28.

Galería Sabrina Anrani. Galería de arte. C/ Madera, 23.

Galería-taller José Rincón. C/ Valverde, 39.

Hemeroteca Municipal. Atesora cuatro siglos de publicaciones periódicas provenientes de todo el mundo. C/ Conde Duque, 9-11.

Museo ABC de Dibujo e Ilustración. Colección artística del Diario ABC y la revista Blanco y Negro desde 1891, con más de 150.000 obras. C/ Amaniel, 29-31.

Museo de Historia de Madrid (C/ Fuencarral, 78). Ocupa el antiguo edificio del Hospicio de San Fernando y el Ave María, obra del s. XVIII de Pedro de Ribera. Expone la historia de la ciudad desde 1561 hasta la actualidad.

Museo de Arte Contemporáneo. Expone la colección artística municipal y el despacho del escritor Ramón Gómez de la Serna. Centro Conde Duque, C/ Conde Duque, 9-11.

Palacio del Marqués de Santa Cruz. Fundación Don Álvaro de Bazán y archivo. C/ San Bernardino, 14.

Twin Gallery. Galería de arte. C/ San Hermenegildo, 28.

Espacios culturales y de enseñanza artística:

Casa de México. Espacio cultural con sus famosos «altares de muertos». C/ Alberto Aguilera, 20.

Centro de Cultura Contemporánea Conde Duque. Espacio de creación y cultura. C/ Conde Duque, 11.

Centro Cultural Clara del Rey–Museo ABC. C/ Amaniel, 29-31.

Conservatorio Profesional de Música Amaniel. C/ Amaniel, 2.

Escuela de Artes Aplicadas y Oficios Artísticos. Enseñanzas del Bachillerato de Artes y cursos de escultura, metal, moda y piedra. C/ Palma, 46.

Escuela de Música Creativa. Centro superior fundado en 1982. C/ La Palma, 35.

Escuela de Música Soto Mesa. Fundada en 1969. C/ Santa Cruz de Marcenado, 1.

Escuela Superior de Canto de Madrid. Situada en el antiguo Palacio Bauer. C/ San Bernardo, 44.

Fundación Jacinto e Inocencio Guerrero. Creada en 1982 para el fomento de la cultura musical española y el estudio, investigación y difusión de la zarzuela y la obra de Jacinto Guerrero. Gran Vía, 78.

Instituto Europeo de Diseño. Escuela de diseño, arte y moda. C/ Flor Alta, 8.

Universidad Nebrija, Campus Princesa. C/ Santa Cruz de Marcenado, 27.

Universidad Pontificia de Comillas. C/ Alberto Aguilera, 23.

Centros sociales y vecinales:

Acibu. Asociación Ciudadana del Barrio de Universidad. C/ Luna, 13.

Asociación Accem. Inmigración. Plaza Santa María Soledad Torres Acosta, 2.

Asociación Amigos de los Enfermos de Lepra. Fundación Raoul Follereau. C/ Marqués de Santa Ana, 20.

Asociación Caminando Juntas hacia la Igualdad. Ni una Niña sin Educación. C/ Jesús del Valle, 2.

Asociación Ceas Sáhara y Fisahara. C/ Pez, 27.

Asociación Cogam. Personas LGTBI y prevención VIH. Plaza Dos de Mayo.

Asociación Frater. Personas con discapacidad física y/o enfermedad crónica. C/ Montserrat, 30.

Asociación Hispania Nosta. Defensa y promoción del patrimonio cultural. C/ Manuel, 3.

Asociación Save a Girl. Save a Generation. Mutilación genital y matrimonios forzados. C/ Manzana, 5.

Asociación Vecinal Maravillas. https://avmaravillas.org

Casa de León. Casa regional de León en Madrid. Centro social y cultural. C/ Pez, 6.

Centro de Servicios Sociales Maravillas. Atención social a población en general. C/ San Joaquín, 10.

Centro Social Comunitario Casa del Cura. Ayuntamiento de Madrid. Plaza Dos de Mayo, 1.

Centro Social San José. Centro de atención social e inmigración, integrado en la parroquia de Santiago el Menor. C/ San Hermenegildo, 32.

Club Deportivo Elemental Santiago el Mayor. C/ Amaniel, 6.

Comedor social Catalina Labouré. C/ Minas, 3.

Comedor social Santa Pontificia y Real Hermandad del Refugio. C/ Corredera Baja de San Pablo, 16.

Comunidad Sant'Egidio. Personas en situación de exclusión social. C/ Dos de Mayo, 11.

Cruz Roja. Espacio Pozas 14. Actividades de encuentro y participación, atención social. C/ Pozas, 14.

La Didáctica. Asociación recreativa y deportiva fundada en

1927. C/ Molino de Viento, 10.

Espacio de Encuentro y Participación de Entidades Casa del Cura. Plaza Dos de Mayo, 1.

Granja Flor de Mayo. Espacio fami-vecinal alternativo. C/ Dos de Mayo, 3.

Guardería Infantil Comendadoras. Plaza de las Comendadoras, 10.

Residencia y Centro de Día de la Fundación Montserrat. C/ San Bernardo, 79.

Santa Pontificia y Real Hermandad del Refugio y Piedad de Madrid. Fundada en 1615, se trasladó en 1702 para administrar el Real Hospital e Iglesia de San Antonio de los Alemanes. C/ Puebla, 22.

Sedra. Federación de Planificación Familiar. C/ San Vicente Ferrer, 86.

Unión de Asociaciones Familiares (Unaf). C/ Alberto Aguilera, 3.

Bibliotecas:

Biblioteca Histórica Marqués de Valdecilla. Universidad Complutense. C/ Noviciado, 3.

Biblioteca Histórica Municipal. Centro Conde Duque, C/ Conde Duque, 9.

Biblioteca Musical Víctor Espinós. Centro Conde Duque, C/ Conde Duque, 9.

Biblioteca Pública Municipal Benito Pérez Galdós. Centro Conde Duque. C/ Conde Duque, 9.

Librerías:

Ammon-Ra. C/ San Vicente Ferrer, 71.

Arrebato Libros. C/ Palma, 21.

Atenea Comics. C/ Alberto Aguilera, 3.

Atlántica. C/ Luna, 6.

La Casa de la Troya. Abierta en 1935. C/ Libreros, 8.

Cervantes y Compañía. C/ Pez, 27.

Ciento Volando. C/ Divino Pastor, 13.

Ecobook. C/ Cristo, 3.

La Fabulosa. C/ Barco, 40.

Generación X. C/ Carranza, 25. Y C/ Puebla, 15.

J. & J. Books and Coffee. Librería de segunda mano y cafetería. C/ Espíritu Santo, 47.

La Imprenta. C/ Monteleón, 5.

Libros para un mundo mejor. C/ Espíritu Santo, 13.

Madrid. Abierta en 1985. C/ Libreros, 6.

Menudos Infames. C/ San Joaquín, 6.

La Merced. Abierta en 1972. C/ Libreros, 5.

Omega Center. C/ Luna, 24.

Radar Comics. C/ Carranza, 13.

Reno. C/ Monteleón, 14.

The Cómic Co. C/ Divino Pastor, 17.

Tierra de fuego. Travesía Conde Duque, 3.

Tik Books. Libros usados. C/ San Bernardo, 43.

Los tres hermanos de Moriarty. Librería de cómics. C/ Palma, 21.

Tres Rosas Amarillas. C/ Espíritu Santo, 12.

Teatros y salas teatrales:

La Chocita del Loro. Teatro especializado en monólogos. Gran Vía, 70.

Coliseum. Especializado en obras de teatro musical. Gran Vía, 78.

Gran Vía. Especializado en obras de teatro musical. Gran Vía, 66.

Gymage Teatro, se encuentra dentro del complejo de ocio Gymage Lounge Resort. C/ Luna, 2.

Lara, abierto en 1879 y llamado «La Bombonera». Corredera Baja de San Pablo, 15.

Lope de Vega. Especializado en obras de teatro musical. Gran Vía, 57.

Maravillas. Fundado en 1886, el edificio actual es de 2005. C/ Manuela Malasaña, 6.

Microteatro Madrid. Antiguo prostíbulo con 13 habitaciones convertidas en minisalas de teatro. C/ Loreto y Chicote, 9.

Rialto. Especializado en obras musicales. Gran Vía, 54.

Teatro Flamenco Madrid. (Antiguo Teatro Alfil). Especializado en espectáculos de flamenco. C/ Pez, 10.

Victoria. Enclavado en el antiguo edificio del palacio del Conde de Cheste. C/ Pez, 17.

Cines:

Cine Callao. Edificio Art-Decó de 1926. Plaza de Callao, 3.

Cine Capitol. Emblemático edificio construido en 1933. Gran Vía, 41.

Cine Palacio de la Prensa. Edificio construido en 1924. Gran Vía, 46.

Establecimientos singulares y tradicionales:

En estos barrios nos encontramos con una amplísima oferta de tiendas tradicionales de todo tipo, muchas de ellas centenarias.

Antigua Expendeduría de Tabacos nº 56. Portada original conservada. C/ Palma, 69.

Antigua Farmacia o Laboratorios Juanse, fundada en 1892. Fachadas de publicidad cerámica de medicinas, realizadas en 1925 por los ceramistas talaveranos Marcelino Domingo y Enrique Guijo. C/ San Andrés, 5, esquina con C/ San Vicente Ferrer.

Antigua Huevería. Portada con azulejos cerámicos de Talavera del taller de Enrique Guijo en los años veinte del s. XX. C/ San Vicente Ferrer, 32.

Antigua Lechería de Prudencio Martín. Edificio con un dintel del siglo XVIII. C/ Madera, 43.

Antigua Lechería. Alberga reproducciones de escenas modernistas y diosas de Antonio Chaves Martín (1911), copiadas de Alphonse Mucha (1898). Hoy día es una tienda de ropa de segunda mano y «vintage». C/ San Joaquín, 16.

Bronces Navarro. C/ Madera, 51. Taller fundado en 1875, en el que han trabajado como broncistas cuatro generaciones de la misma familia.

Carpintería. Antiguo oficio que dio nombre a esta calle, presente todavía en la C/ Madera, 43.

Cartulinas, papeles especiales y bellas artes La Riva. Fundada en 1926. Plaza San Ildefonso, 4-5.

Casa Crespo. Espartería y alpargatería fundada en 1863. C/ Divino Pastor, 23.

Casa Reyna. Fundada en 1930. Especializada en modelismo, maquetas y hobbies. C/ Concepción Arenal, 5.

La Casa de las Maletas. Fundada en 1941. Glorieta Ruiz Giménez, 8.

Churrería Madrid. La más antigua de Madrid, fundada en 1883. C/ Espíritu Santo, 8.

Colchonería Cuesta. Casa fundada en 1890. C/ Fuencarral, 83.

Droguería Riesgo. Fundada en 1866. Interior con casi 500 cajones de madera con rótulos cerámicos. C/ Desengaño, 22.

Electricidad Sanpol. C/ Madera, 33.

Encuadernación Antonio Frisa. Abierta en 1917. C/ Madera, 31.

La Fábrica de Cajas. Antigua fábrica de 1929 convertida en espacio de trabajo y reuniones. C/ Acuerdo, 17.

Farmacia Arteaga, la «farmacia de la Beata». C/ San Bernardino, 11.

Farmacia Cardona. C/ Luna, 6. Fue fundada en 1833 por Pedro Herranz Arias, Boticario de Cámara del rey Fernando VII.

Farmacia Deleuze. Abierta en 1780. C/ San Bernardo, 39.

Farmacia Malasaña, fundada en 1798. Plaza San Ildefonso, 4.

Ferretería Colón. C/ Colón, 7.

El Granel de la Corredera. Tienda de alimentación ecológica. C/ Corredera Baja de San Pablo, 33.

Jabonería López Pascual. Fundada en 1919. Corredera Baja de San Pablo, 13.

Horno de San Onofre. Panadería y pastelería abierta en 1972. C/ San Onofre, 3.

Lámparas Céspedes. Reparación y venta de repuestos y accesorios. C/ Barco, 23 y 41.

Lámparas Corredera. Abierto en 1970. Corredera Baja de San Pablo, 24.

Lámparas Ludory, fundada en 1929. Reparación y venta de accesorios. C/ Puebla, 6.

Lechería Cántaro Blanco. Leches frescas y talleres de fabricación de quesos. C/ Manuela Malasaña, 29.

Mercería Megino. Abierta en 1941. Mercería tradicional de barrio. C/ Corredera Alta de San Pablo, 12.

Mercería la Pequeñita, abierta en los años cuarenta del s. XX. Corredera Alta de San Pablo, 3.

Mercería Victoria, fundada en 1895. C/ Noviciado, 20.

Model Reyna, fundado en 1938. Modelismo, maquetas y pinturas. C/ Desengaño, 24.

Paco Varela, diseñador de moda. Corredera Baja de San Pablo, 53.

La Parpusa. Tienda de ropa de segunda mano. C/ San Vicente Ferrer, 11.

Peluquería Urbano. Fundada en 1856, es la más antigua de Madrid. C/ Colón, 10.

Platería González Varela. Corredera Alta de San Pablo, 8.

Pollerías Herrero. Casa fundada en 1923.
C/ Espíritu Santo, 7.

Popland. Tienda de cómics y objetos de los años 80.
C/ Manuela Malasaña, 24.

Mercados tradicionales y gastronómicos:

Mercado de Los Mostenses. Inaugurado en 1946, en 2024 ha sido renovado y todo su entorno ha sido reformado. Plaza de los Mostenses, 1.

Mercado de San Ildefonso. Mercado gastronómico.
C/ Fuencarral, 57.

Bares y restaurantes con encanto:

Aquí Santoña. Tienda y tapas de especialidades cantábricas. C/ San Bernardo, 28.

Bar Antonio, fundado en 1964. C/ Quiñones, 11.

Bar El 2D. C/ Velarde, 24.

Bar Padrao. C/ Travesía de la Parada, 4. Especialista en tapas XXL.

Bar El Pico, abierto en 1962. C/ Divino Pastor, 12.

Bar Sidi. Abierto en 1943. C/ Colón, 15.

Bar Tiovivo. Portada con restos del cartel de una antigua vaquería. C/ Marqués de Santa Ana, 2.

Bodega La Ardosa, fundada en 1892. Especializada en tortillas y cervezas internacionales. C/ Colón, 13.

Bodega El Maño, abierta en 1927. C/ La Palma, 64.

Bodegas Rivas, casa abierta en 1923. C/ Palma, 61.

Detenderete. Restaurante canario. C/ Santa Cruz de Marcenado, 13.

El Cangrejero, fundada en 1932 como marisquería. C/ Amaniel, 25.

Café Manuela, abierto en 1979. C/ San Vicente Ferrer, 29.

Café Comercial. Abierto en 1887. Café de tertulias literarias y restaurante. Glorieta de Bilbao, 7.

Café Pepe Botella. Abierto en 1992. C/ San Andrés, 12.

Café de Ruiz, abierto en 1977. C/ Ruiz, 11.

Casa Baranda. Fundada como taberna en 1919. tC/ Colón, 11.

Casa Camacho, fundada en 1926. C/ San Andrés, 4.

Casa Julio. Fundada en 1921. Es la taberna del grupo musical U2. Especializada en croquetas. C/ Madera, 37.

Casa Macareno. Fundada en 1920 como bodega. C/ San Vicente Ferrer, 44.

Casa Maravillas. Taberna y restaurante. C/ Manuela Malasaña, 13.

Casa Perico. Fundada en 1940. C/ Ballesta, 18.

Fábrica Maravillas. Cervecería y fábrica de cervezas. C/ Valverde, 29.

Restaurante La Barraca. Abierto en 1935. C/ Reina, 29.

La Taberna de la Copla. Fundada en 1912. C/ Jesús del Valle, 1.

Taberna del Limón. Abierta en 1984. C/ Limón, 22.

Taberna La Palmera, fundada en 1920. Tiene un zócalo de azulejos único, rótulos de cristal grabado y pila de estaño con escenas de El Quijote. C/ La Palma, 67.

La Templadera. Cervecería tradicional con decoración de

maderas y carteles vintage. C/ Manuela Malasaña, 13.

Vinos. Taberna fundada en 1880, con la portada en color rojo tradicional. C/ Sagasta, 2.

NOTA: Esta relación de bares y restaurantes es meramente informativa.

Discotecas, disco-pubs y música en vivo:

Ballesta Club. C/ Ballesta, 12.

Café La Palma. Conciertos y sesiones de DJ en vivo. C/ La Palma, 62.

Diplodocus. Rock bar. C/ Manuela Malasaña, 31.

El Fabuloso. Decorado en estilo retro. Música con sesiones de DJ. C/ Estrella, 3.

Fotomatón. Bar de copas y sala de conciertos. C/ Conde de Toreno, 2.

Golden Gran Vía. Discoteca. Plaza de los Mostenses, 11.

Maravillas Club. Conciertos, sesiones de DJ y drag queens. C/ San Vicente Ferrer, 33.

Moloko Sound Club, fundado en 1997. Música pop e indie. C/ Quiñones, 12.

Morocco. Sala de fiestas abierta en 1951 y reconvertida en discoteca con DJ. C/ Marqués de Leganés, 7.

Ocean Rock Bar. C/ San Vicente Ferrer, 27.

El Perro de la Parte de Atrás del Coche. Música en vivo. C/ Puebla, 15.

Sala BarCo. Jazz en vivo, flamenco y sesiones de DJ. Discoteca. C/ Barco, 34.

Sala Kathedral. Música en directo. Corredera Baja de San Pablo, 39.

Sala Republik Club. C/ Puebla, 6.

Sala Taboo. Abierto en 2001, ocupa el local del mítico Elígeme. Música en vivo. C/ San Vicente Ferrer, 23.

Tempo Audiophile Club. C/ Duque de Osuna, 8.

Sideral Club. C/ San Joaquín, 9.

Siroco. Abierto en 1989, club de música indie. C/ San Dimas, 3.

La Vaca Austera. Fundado en 1981 como bar de copas. Música rock. C/ Palma, 20.

Ya'sta Club. Abierto en 1985, fue un mítico after hours. Música en vivo y espectáculos. C/ Valverde, 10.

Alojamientos:

Eric Vökel Madrid Suites (4 estrellas). C/ San Bernardo, 61.

Hotel Abalú Design & Boutique (3 estrellas). C/ Pez, 19.

Hotel Akeah Gran Vía (4 estrellas)**.** C/ San Bernardo, 48.

Hotel Atlántico (4 estrellas). Gran Vía, 38.

Los Condes (3 estrellas). C/ Libreros, 7.

Hotel Dear Madrid (4 estrellas)**.** Gran Vía, 80.

Hotel Ibis Styles Centro Maravillas (2 estrellas). C/ Manuela Malasaña, 6.

Hotel Ikonik Gran Vía (4 estrellas). Gran Vía, 56.

Hotel Innside Madrid Gran Vía (4 estrellas). Edificio de Antonio Palacios de 1923. C/ Mesonero Romanos, 13.

Hotel Leonardo Madrid City Center (3 estrellas). C/ Alberto Aguilera, 18.

Hotel Madrid Centro Gran Vía (3 estrellas). Gran Vía, 72.

Hotel Madrid Plaza España Affiliated by Meliá (4 estrellas). Gran Vía, 74.

Hotel Petit Palace Triball (3 estrellas). C/ Gonzalo Jiménez de Quesada, 2.

Hotel Le Petit Palü-Fuencarral (3 estrellas). C/ Fuencarral, 31.

Hotel Princesa Plaza Madrid (4 estrellas). C/ Serrano Jover, 3.

Hotel Riu Plaza España (4 estrellas). Gran Vía, 84.

Hotel Sterling (3 estrellas). C/ San Bernardo, 29-31.

Hotel Tribu Malasaña (3 estrellas). C/ San Vicente Ferrer, 1.

Hotel Vincci Vía 66 (4 estrellas). Gran Vía, 66.

7 Islas Hotel Madrid (4 estrellas). C/ Valverde, 14.

Otros alojamientos:

CC Malasaña (2 estrellas). C/ Espíritu Santo, 18.

Hostal Goyal Pizarro (3 estrellas). C/ Pizarro, 14. Edificio modernista de 19XX.

Hostel One Madrid (2 estrellas). C/ Montserrat, 9.

Hostel Palacio-Madrid (2 estrellas). C/ San Bernardo, 63.

Optimi Rooms Madrid. Hotel cápsula. C/ Puebla, 7.

NOTA: Esta relación de bares y restaurantes es meramente informativa.